Hans-Gerd Happel

Der historische Spielfilm im Nationalsozialismus

Rita G. Fischer Verlag

CIP-Kurztitelaufnahme der Deutschen Bibliothek

Happel, Hans-Gerd:
Der historische Spielfilm im Nationalsozialismus / Hans-Gerd Happel. — Frankfurt (Main) : R. G. Fischer, 1984.
ISBN 3-88323-522-9

Alt Fechenheim 73, D-6000 Frankfurt 61

Herstellung: Ernst Grässer, Karlsruhe
Printed in Germany
ISBN 3-88323-522-9

Der historische Spielfilm im Nationalsozialismus

VII. Anhang

I. Vorwort

Die vorliegende Arbeit soll - neben einer Darstellung der Geschichte des historischen Spielfilms im Nationalsozialismus und dessen Produktionsbedingungen - nachweisen, wie der Spielfilm als ergänzende Quelle für den Historiker genutzt werden kann.
Gleichzeitig soll zum Ausdruck gebracht werden, wie die Geschichte im historischen Spielfilm für nationalsozialistische Propagandazwecke mißbraucht worden ist.
Die verschiedenen Propagandatechniken und ihre Auswirkungen werden an mehreren Beispielen erläutert und analysiert.
Dabei erhebt die Arbeit nicht den Anspruch,eine noch ausstehende Quellenmethodologie für den Historiker, bezogen auf das Medium Spielfilm, zu entwickeln.
Es werden jedoch Ansätze herausgearbeitet, die über eine reine Inhaltsanalyse eines Spielfilms hinausgehen, indem am Beispiel des historischen Spielfilms "Ohm Krüger" (Hans Steinhoff 1941) die visuelle und filmtechnische Seite der Kameraführung in die Analyse miteinbezogen wird.
Die in der Arbeit vorkommenden Wiederholungen lassen sich nicht vermeiden, da viele Propagandamechanismen - auf einen Film bezogen - immer kombiniert auftreten und sich daher nicht scharf abgrenzen lassen.
Unter einem historischen Spielfilm verstehe ich im folgenden einen Spielfilm, dessen Handlung, von seinem Entstehungszeitpunkt aus gesehen, in der Vergangenheit spielt.

II. Der Film als Quelle für den Historiker

Ende der 60er Anfang der 70er Jahre etablierte sich - vorwiegend in den Vereinigten Staaten und Großbritannien - das Medium Film als Untersuchungsgegenstand der historischen Forschung.
Das steigende Interesse auf diesem Gebiet läßt sich vor allem an Hand der stattgefundenen Konferenzen nachweisen. So beschäftigten sich die "American Historical Association" und das "British University Film Committee", welches die Konferenz "Film and the Historian" in London ins Leben rief, mit der Frage, wie der Film als Quelle für den Historiker genutzt werden kann (April 1968).[1]
Professionelle Historiker hielten regelmäßig Treffen ab und führten Seminare zum Thema über den Einsatz des Filmes in der historischen Forschung an ihren Universitäten durch.[2]
Im Februar 1968 erschien die erste Nummer des Periodikums "University Vision" als Publikationsorgan des "British Universities Film Council".
1970 folgte in den Vereinigten Staaten die Entstehung der Zeitschrift "Film and the Historian",

---

[1] Hughes, William: Proposal for a Course on Film and History.
In: University Vision 8(1972), S. 10.
Der Schwerpunkt der Untersuchungen lag bei den Dokumentarfilmen.

[2] Smith, Paul: Historians and Film. A Progress Report.
In: University Vision 4 (1969), S. 36.
Moltmann, Günter/ Reimers, Karl Friedrich(Hrsg.): Zeitgeschichte im Film-und Tondokument. Göttingen, Zürich, Frankfurt 1970, S. 12.
Dickinson, Thorold/ Thorpe, Frances: Film and the Historian.
In: Social Science Research Council Newsletter 10 (1970), S. 24.

die von dem "Historians Film Committee" herausgegeben wurde. Beide Zeitschriften beschäftigen sich ausschließlich mit dem Thema der Relation zwischen Film und Geschichte und wollen den Gebrauch des Films in der historischen Forschung fördern.

Die Anfänge der intensiveren Beschäftigung mit diesem Thema sind aber schon 1948 auszumachen, dem Gründungsjahr des "British Universities Film Council", welcher von dem Cambridger Historiker George Kitson Clark und anderen ins Leben gerufen wurde.

In Deutschland arbeiten die Professoren Walther Hubatsch, Percey Ernst Schramm und Wilhelm Treue seit 1949 in Göttingen an dieser Frage. Aus ihrer Arbeit entstand 1953 das"Referat für zeitgeschichtliche Filmforschung und Filmdokumentation am Institut für den wissenschaftlichen Film" in Göttingen. 1964 bildete sich hier der Studienkreis "Film und Publizistik", aus dem 1970 die Monographie "Zeitgeschichte im Film- und Tondokument" hervorging.[3]

1977 und 1979 fanden internationale Konferenzen - "Film und Geschichte" und "Historische Wahrheit und der Spielfilm" - in Bielefeld statt, welche vom"Zentrum für Interdisziplinäre Forschung" veranstaltet worden waren.[4]

---

[3] Smith, Paul(Hrsg.): The Historian and Film. Cambridge 1976, siehe Einleitung o.S.
Moltmann, Günter/ Reimers, Karl Friedrich,a.a.O.

[4] Short, K.R.M.(Hrsg.): Feature Films as History. London 1981, S. 14.

Die Ergebnisse dieser Forschungstätigkeiten haben sich in zahlreichen Publikationen niedergeschlagen - eine zusammenfassende Quellenkunde für das Medium Film für den Historiker fehlt jedoch bis heute.[5]

Warum sollte sich der Historiker mit dem Medium Film beschäftigen? Was kann der Film dem Historiker für seine Arbeit an Erkenntnissen anbieten?

Bild und Ton treten heute in allen Lebensbereichen auf.[6] Wir leben in einem audiovisuellen Zeitalter, in dem das Massenmedium Film täglich auf uns einwirkt(im Jahre 1964 sind 19.000.000.000 Kinokarten auf der Welt verkauft worden).[7] Würde man diese Kinokarten auf die Weltbevölkerung aufteilen, so würden 6 Karten auf jeden Einwohner kommen..Eine immens hohe Zahl, wenn man bedenkt, daß die Fernsehproduktion in dieser Zahl nicht berücksichtigt ist.[8]

Der Film in seiner Eigenschaft als Massenkommunikationsmittel, als Ideologieträger und damit als Propagandamittel, kann mit dazu beitragen, die Kenntnis der Vergangenheit entscheidend zu erweitern, wie im folgenden nachgewiesen wird.

Geht man von den klassischen Quellendefinitionen in der Geschichtswissenschaft aus, so kann der Spielfilm als "Überrest" der Kulturgeschichte bezeichnet werden, während ein Dokumentarfilm als "Traditionsquelle" eingestuft werden kann; das heißt, ein Spielfilm ist unbeabsichtigt überliefert, ein Dokumentarfilm absichtlich für die Nachwelt produziert.[9a]

---

[5] Treue, Wilhelm: Das Filmdokument als Geschichtsquelle.
In: HZ 186 (1958), S. 311.
Burns, Eugene Bradford: Conceptualizing the Use of Film to Study History. A Bibliofilmography.
In: Film and History 4/4 (1974), S. 1.

[6] Terveen, Fritz: Vorschläge zur Archivierung und wissenschaftlichen Aufbereitung von historischen Filmdokumenten.
In: GWU 6 (1955), S. 170.

[7] Sorlin, Pierre: The Film in History. Restaging the Past. Oxford 1980, S. 3.
Grennville, J.A.S./ Pronay, N.: The Historian and Historical Film.
In: University Vision 1 (1969), S. 4.

Die Historiker beschäftigten sich bisher vorwiegend mit dem Dokumentarfilm, weil sie ihm eine angeblich höhere Authentizität beimaßen.[9b] Der Spielfilm, der von seinem Wesen her fiktiv ist, stand eher außerhalb der Beschäftigung durch die Historiker, obwohl die Aussagekraft des Spielfilms zu ertragreichen Erkenntnissen führen kann.[10] Der Grund für diese Mißachtung liegt vor allem in dem oft willkürlich verfälschenden Gebrauch von historischen Fakten in vielen Spielfilmen, welcher zu Verzerrungen des historischen Gehaltes führt.[11]
Doch gerade diese Verfälschungen sind interessant für den Historiker. Sie weisen auf bestimmte Absichten hin und können als wertvolle Interpretationshinweise angesehen werden, um die zugrundeliegende Geschichtsauffassung zu ermitteln. Daneben spielt die Auswahl der behandelten Themen in den Spielfilmen eine große Rolle für die Charakterisierung eines historischen Zeitabschnittes und läßt hier interessante Schlüsse zu.
Der Spielfilm kann wie keine andere Quelle den Geist einer Epoche, die historische Atmosphäre eines bestimmten Vorgangs wiedergeben.[12] In diesem Zusammenhang ergeben sich zwei Untersuchungsebenen für den Historiker.
Erstens: Er untersucht den dargestellten Inhalt eines Spielfilms auf seine historische Objektivität hin. In den weitaus meisten Fällen wird er bei einer

---

[8] Mc Creary, Eugene C.: Film and History. In: Societas 1 (1971), S. 52.

[9a] Opgenoorth, Ernst: Einführung in das Studium der neueren Geschichte. Frankfurt, Berlin, Wien 1979, S. 80.

[9b] Wember, Bernward: Objektiver Dokumentarfilm? München 1972, S.9.

[10] Zöllner, Walter: Der Film als Quelle der Geschichtsforschung. In: Zeitschrift für Geschichtswissenschaft 13 (1965), S. 642.

[11] Opgenoorth, Ernst, a.a.O., S. 106.

[12] Zöllner, Walter, a.a.O., S. 640.
Treue, Wilhelm, a.a.O., S. 317.

solchen Untersuchung ausgiebig Kritik zu äußern haben, da Spielfilme selten von Historikern produziert werden. Abweichungen auch von gesicherten historischen Tatsachen kommen sehr oft aus propagandistischen oder dramaturgisch - künstlerischen Gründen vor. Ebenfalls muß beachtet werden, daß der Film als Waren - und Konsumprodukt aus Gründen des Absatzes von den Filmproduzenten marktgerecht angepaßt wird.[13]

Trotz erheblicher inhaltlicher Fehler kann ein Spielfilm dennoch die historische Atmosphäre gut treffen, wie sich in dem "Canaris"Film (Alfred Weisemann 1954) zeigt.[14]

Muth schrieb über diesen Film:

> "Mag man noch so sehr den äußeren Handlungsverlauf mit Recht als unhistorisch kritisieren, mag man auch mit noch so viel Recht auf die vielen Vergröberungen, Entstellungen und Erfindungen hinweisen, die dieser Film enthält, an der Tatsache, daß er die Atmosphäre dieser Zeit in eindrucksvoller Weise auf die Leinwand bannt, wird man nicht vorbeigehen können."[15]

Zweitens: Der Historiker untersucht den Spielfilm als "Spiegel und Zeichen der Zeit".[16]

---

[13] Bächlin, Peter: Der Film als Ware. Frankfurt a.M. 1975. Diss. Basel 1947.

[14] Muth, Heinrich: Zeitgeschichte in neuen deutschen Filmen.
In: GWU 7 (1956), S. 350.

[15] Muth, Heinrich: "Canaris".
In: GWU 6 (1955), S. 105.

[16] von diesem Ansatz gehen aus:
Hollstein, Dorothea: Antisemitische Filmpropaganda. München, Berlin 1971, Diss., S. 68 - 70, 24, 25, 214, 236.
Kracauer, Siegfried: Von Caligari zu Hitler. Eine psychologische Geschichte des deutschen Films. Frankfurt a.M. 1979, S. 12.
Kracauer stellt in seinem Buch die These auf, daß in den Figuren des Films der Weimarer Republik sich eine klare Linie zu Hitler hin andeutet. Der Film spiegelt hier die kollektive, unbewußte Mentalität der Masse wider, die dann tatsächlich im Nationalsozialismus ihre Ausprägung findet.
Kracauer, Siegfried: Das Ornament der Masse. Frankfurt a.M. 1977, S. 279, 339.

In diesem Falle wird ein historisches Thema für die Probleme der Gegenwart als Ausdrucks - und Darstellungsmittel benutzt.[17]
Der Wert für den Historiker bezieht sich nicht auf den im Spielfilm dargestellten historischen Sachverhalt, sondern in der Verarbeitung des zugrundegelegten historischen Sachverhaltes.[18] Bei einer solchen Untersuchungsweise steht nicht die in dem Spielfilm behandelte Epoche im Vordergrund, sondern die Epoche, in der der Film entstanden ist.[19] So können in Staaten mit einer strengen Filmzensur Manipulationen der Regierungen an Hand der Filmproduktion nachgewiesen werden. Auf diese Art und Weise offenbart sich das wahre Gesicht eines Regimes[20]

---

[16] Fortsetzung Anmerkung 16:
Muth, Heinrich: Der historische Film. Historische und filmische Grundprobleme.
In: GWU 6 (1955), S. 679.
Prokop, Dieter: Medienwirkungen. Frankfurt a.M. 1981, S. 258 - 260.
Prokop, Dieter: Soziologie des Films. Frankfurt a.M. 1982, S. 220 - 225, 18, 19, 67, 68.

[17] Short, K.R.M., a.a.O., S. 33.

[18] Terveen, Fritz: Historischer Film und historisches Filmdokument.
In: GWU 12 (1956), S. 750.

[19] Gwynn, Terence/ Willis, Ian: The Role of Feature Films in the Teaching of History.
In: Teaching History (1974), S. 206.
Roads, Christopher H.: Film as Historical Evidence.
In: Journal of the Society of Archivists 3 (1966), S. 184.
Gregor, Ulrich/ Patalas, Enno: Geschichte des Films. 2 Bde. Hamburg 1976, Bd. 1, S. 7.

[20] Leiser, Erwin:"Deutschland, erwache!" Propaganda im Film des Dritten Reiches. Reinbek 1968, S. 13.
Leiser schreibt über seinen Film "Deutschland, erwache!" (Erwin Leiser 1968) folgendes:
"In dem Film "Deutschland, erwache!" werden Zitate aus Spielfilmen als Dokumente montiert. Der Kommentar ist sehr sparsam eingesetzt, die Beziehung zwischen Lüge des Spielfilms und der Wirklichkeit wird nur an ganz wenigen Stellen hergestellt. Bereits die Kennzeichnung der Spielfilmszenen als Propaganda und ihre Einordnung in ein Muster führt zu einer Selbstentlarvung der nationalsozialistischen Propaganda."
Ferro, Marc: Der Film als"Gegenanalyse" der Gesellschaft.
In: Honegger, Claudia(Hrsg.): Schrift und Materie der Geschichte. Vorschläge zur Aneignung historischer Prozesse. Frankfurt a.M. 1977, S. 253.

und kann von dem Historiker entlarvt werden.
Der Spielfilm als Reflexion, als Abbild einer Gesellschaft hilft dem Historiker, in das Wesen, in das Verständnis, in die moralisch - ethischen Wertvorstellungen einer Gesellschaft, eines Zeitabschnittes einzudringen. So erhalten wir aus dem NS-Spielfilm "Ohm Krüger" (Hans Steinhoff 1941) in erster Linie Informationen über das Deutschland im Jahre 1941 und nicht über die Situation der Buren um 1900.[21]
Die historische Wissenschaft sollte auf den Spielfilm als Quelle nicht verzichten. Sie sollte jedes Werkzeug, welches sie erlangen kann, auch gebrauchen.[22]

Der Film als Quelle hat seine Vor - und Nachteile in der Ergiebigkeit für den Historiker. Das unterscheidet ihn jedoch nicht von den traditionellen in der Geschichtswissenschaft benutzten Quellen. Der Film kann eine wertvolle Ergänzung für historische Studien sein,[23] das heißt nicht, daß er die

---

[21] Pontecorvo, Lisa: Film Resources.
In: Smith, Paul(Hrsg.): The Historian and Film. Cambridge 1976, S. 22.
Kuiper, John B.: The Historical Value of Motion Pictures.
In: American Archivists 31 (1968), S. 388.

[22] Leab, Daniel J.: From "Sambo" to"Superspade". Some Problems in the Use of Film in the Historical Research.
In: University Vision 10 (1973), S. 46.

[23] Terveen, Fritz: Der Film als historisches Dokument. Grenzen und Möglichkeiten.
In: VJfZG 3 (1955), S. 64.
Jackson, Martin A.: Film as a Source Material. Some Preliminary Notes Toward a Methodology.
In: Journal of Interdisciplinary History 4 (1973), S. 80.
Hubatsch, Walther: Probleme des geschichtswissenschaftlichen Films.
In: GWU 8 (1953), S. 479.
Ferro, Marc: History and Cinema.
In: Journal of Contemporary History 3 (1968), S. 49.
Kahlenberg, Friedrich P.: Spielfilm als historische Quelle? Das Beispiel "Andalusische Nächte".
In: Boberach, Heinz/ Booms, Hans(Hrsg.): Aus der Arbeit des Budesarchivs. Beiträge zum Archivwesen, zur Quellenkunde und Zeitgeschichte. Boppard 1977, S. 515.

traditionellen Quellen, wie Griffith behauptet, ersetzen könnte.[24]

Zum Schluß dieses Kapitels möchte ich den Aufsatz von Karl Otmar von Aretin zitieren, welcher speziell für die Erforschung des Nationalsozialismus die Einbeziehung des Films fordert.

> "Die Geschichte der nationalsozialistischen Epoche ist für uns Deutsche nicht Geschichte wie irgendeine andere. Denn nicht das katastrophale Ende oder ihre schwerwiegenden politischen Fehler sind die Kriterien für ihre Beurteilung, sondern ihre Untaten, die den deutschen Namen, solange es ihn geben wird, verdunkeln werden. Die bisherigen klassischen Möglichkeiten der historischen Darstellung werden zur Erklärung des Phänomens Nationalsozialismus nicht ausreichen. Denn diese Epoche ist bis in die Details hinein rätselhaft. Es wird daher nötig sein, zur Deutung dieser Epoche alle historischen Hilfsmittel heranzuziehen. Zu diesen aber zählt der Film, der durch die Tatsache, daß es über die Jahre 1933 - 45 vorwiegend Tonfilme sind, in seinem Quellenwert wesentlich gesteigert ist. Der Nationalsozialismus ist ohne die ihm eigene Suggestivkraft nicht zu erklären. Diese läßt sich durch Dokumente nur schwer erschließen. Die Dokumente sprechen eine eigene, harte, anklagende Sprache. Aber die Anklage ist heute nicht mehr das Wichtigste. Das Urteil über den Nationalsozialismus, sowohl als "Weltanschauung" wie als historische Erscheinung, ist unmißverständlich. Um was es heute geht, ist die Erklärung des Phänomens. Diese kann ohne ein gewisses Verständnis nicht erfolgen. Man muß auch die faszinierenden Seiten kennen, um den Nationalsozialismus erklären zu können."[25]

---

[24] Griffith, David Wark (1875 - 1948), bedeutender amerikanischer Filmregisseur. Er stellte die Behauptung auf, daß der historische Spielfilm die Geschichtsbücher ersetzen werde. Siehe dazu: Sorlin, Pierre, a.a.O., S. VIII (Vorwort).

[25] Aretin, Karl Otmar von: Der Film als zeitgeschichtliche Quelle. In: Politische Studien 96 (1958), S. 265.

III. Nationalsozialistische Filmorganisation

a. Die NS-Filminstitutionen

In diesem Kapitel werden die einzelnen NS-Filminstitutionen vorgestellt. Daneben wird die Stellung Goebbels' im NS-Film untersucht. Am Ende dieses Kapitels folgen eine Charakterisierung der "Jugendfilmstunde" sowie statistische Angaben zum NS-Film.
Das Reichsministerium für Volksaufklärung und Propaganda wurde am 13. 3. 1933 unter der Leitung des Reichsministers für Volksaufklärung und Propaganda geschaffen.[26] Das Ministerium gliederte sich anfangs in die sechs großen Abteilungen Rundfunk, Presse, Film, Propaganda, Theater und Verwaltung. Später wurde es im Zuge der territorialen Expansion noch weiter ausgebaut.[27] Ziel des Ministeriums war es, die nationalsozialistische Ideologie zu verbreiten, um durch geschickte Propaganda die Herrschaft und den Bestand des Dritten Reiches zu sichern. Goebbels charakterisierte das Propagandaministerium folgendermaßen:

> "Es soll dazu dienen, unsere Macht geistig zu unterbauen und nicht nur den Staatsapparat,

---

[26] Bredow, Wilfried/ Zurek, Rolf(Hrsg.): Film und Gesellschaft in Deutschland. Dokumente und Materialien. Hamburg 1975, S. 139.

[27] Becker, Wolfgang: Film und Herrschaft. Berlin 1973, Diss., S. 32, 33.
Die weiteren Abteilungen sind bei Heiber aufgeführt. Heiber, Helmut: Joseph Goebbels. München 1974, S. 106, 132, 133.

sondern das Volk insgesamt zu erobern."[28]

"Von hier aus müssen die großen Impulse kommen. Es gibt zwei Arten, eine Revolution zu machen. Man kann einmal den Gegner so lange mit Maschinengewehren zusammenschießen, bis er die Überlegenheit dessen anerkennt, der im Besitz dieser Maschinengewehre ist. Dies ist der einfachere Weg. Man kann aber auch durch eine Revolution des Geistes die Nation umgestalten und damit den Gegner nicht vernichten, sondern sogar gewinnen. Wir Nationalsozialisten sind diesen zweiten Weg gegangen und werden ihn auch weiter gehen. Das ganze Volk dem neuen Staat gewinnen, wird unsere vornehmste Aufgabe in diesem Ministerium sein."[29]

Die Reichskulturkammer wurde gemäß dem Reichskulturkammergesetz vom 22. 9. 1933 gegründet. Die Reichskulturkammer gliederte sich in die Reichsschrifttumskammer, Reichspressekammer, Reichsrundfunkkammer, Reichstheaterkammer, Reichskammer der bildenden Künste und die Reichsfilmkammer.[30] Die Reichskulturkammer war ein dem Reichsministerium für Volksaufklärung und Propaganda unterstelltes Amt. Das Amt des Präsidenten der Reichskulturkammer fiel ebenfalls Joseph Goebbels zu.[31] Die Reichskulturkammer hatte die Möglichkeit, jeden, der beruflich auf kulturellem Gebiet tätig war, zu kontrollieren. Denn nur wer Mitglied in einer der oben aufgeführten Kammern war, konnte seinen Beruf ausüben. Dadurch konnten "unliebsame Elemente" und

---

[28] Goebbels, Joseph: Vom Kaiserhof zur Reichskanzlei. München 1934, S. 28. Zitiert nach: Becker, Wolfgang, a.a.O., S. 33.

[29] Rede Joseph Goebbels' am 9. 2. 1934. Zitiert nach: Bredow, Wilfried von/ Zurek, Rolf, a.a.O., S. 139, 140.

[30] Reichsgesetzblatt 1933, Teil I, Nr. 105, S. 661 f. Zitiert nach: Hofer, Walther(Hrsg.): Der Nationalsozialismus. Dokumente 1933 - 1945. Frankfurt a.M. 1976, S. 95.

[31] Phillips, M.S.: The Nazi Control of the German Film Industry. In: Journal of European Studies 1 (1971), S. 46.

"Nichtarier" aus dem Kulturbereich ausgeschaltet werden.[32]

Die Reichsfilmkammer als Teil der Reichskulturkammer ging aus der vorläufigen Filmkammer, die am 14. 7. 1933 gegründet worden war, hervor.[33] Mitglieder der Reichsfilmkammer waren nicht nur die künstlerisch Tätigen, sondern auch Techniker und Verwaltungsangestellte des Filmgewerbes. [34] Die Mitgliedschaft war, wie bei den oben aufgeführten Kammern, ebenfalls eine Zwangsmitgliedschaft. Ein Ausschluß aus der Reichsfilmkammer war mit einem Berufsverbot gleichzusetzen.[35] Bis zum 15. 12. 1933 fielen ca. 3000 Filmschaffende der Ausschlußpraxis der Reichsfilmkammer zum Opfer.[36] Ziel der Reichsfilmkammer war, das gesamte deutsche Filmgewerbe in einer Institution zusammenzufassen, um das Filmwesen besser kontrollieren zu können.[37]

Dem Reichsfilmdramaturgen oblag die Aufgabe, "in allen wichtigen Fragen der Filmherstellung zu beraten, die

---

[32] Albrecht, Gerd: Nationalsozialistische Filmpolitik. Eine soziologische Untersuchung über die Spielfilme des Dritten Reiches. Stuttgart 1969, S. 20.

[33] Bredow, Wilfried von/ Zurek, Rolf, a.a.O., S. 140.

[34] Toeplitz, Jerzy: Geschichte des Films, 1934 - 1939. München 1980, S. 257.

[35] Denzer, Kurt: Untersuchungen zur Filmdramaturgie des Dritten Reiches. Kiel 1977. Diss., S. 136.

[36] Albrecht, Gerd: Filmpolitik im Dritten Reich. In: Dammeyer, Manfred(Hrsg.): Der Spielfilm im Dritten Reich. Oberhausen 1966, S. 42.

[37] Albrecht, Gerd: Film im Dritten Reich. Ettlingen 1979, S. 264, 265.
Die Reichsfilmkammer, die sich in weitere 10 Abteilungen gliederte, wird ausführlich bei Bramsted vorgestellt.
Bramsted, Ernst K.: Goebbels und die nationalsozialistische Propaganda, 1925 - 1945. Frankfurt a.M. 1971, S. 133, 134.
Boelcke, Willi A.(Hrsg.): Kriegspropaganda 1939 - 1941. Geheime Ministerkonferenzen im Reichspropagandaministerium. Stuttgart 1966, S. 168.

ihm vorzulegenden Manuskripte und Drehbücher zu prüfen und rechtzeitig zu verhindern, daß Stoffe behandelt werden, die dem Geist der Zeit zuwiderlaufen."[38]
Die rechtliche Grundlage für die Tätigkeit des Reichsfilmdramaturgen basierte auf dem Lichtspielgesetz von 1934(siehe dazu Kapitel III. d.)[39]

Ergänzt wurde die Reichsfilmdramaturgie durch das Amt des Reichsfilmintendanten, welches 1942 geschaffen worden war.[40] Der Reichsfilmintendant war dem Reichsfilmdramaturgen übergeordnet.[41] Ihm fiel die Aufgabe zu, Einfluß auf die künstlerische Gestaltung und Besetzung der Filmrollen zu nehmen. Daneben war er für die Nachwuchserziehung im Filmwesen verantwortlich.[42]

Sowohl Hitler als auch Goebbels werden in der einschlägigen Literatur als"Filmnarren" bezeichnet. Beide widmeten dem Film sehr viel Zeit.[43]

---

[38] Licht-Bild-Bühne vom 3. 2. 1934. Zitiert nach: Phillips, M.S., 1971, a.a.O., S. 49.

[39] Becker, Wolfgang, a.a.O., S. 76.

[40] Herzstein, Robert E.: The War that Hitler Won. The Most Infamous Propaganda Campaign in History. London 1979, S. 261.

[41] Hollstein, Dorothea, a.a.O., S. 21.

[42] Wetzel, Kraft/ Hagemann, Peter: Zensur. Verbotene deutsche Filme, 1933 - 1945. Berlin 1978, S. 12. Warum ab 1942 die Reichsfilmintendanz zusätzlich zur Reichsfilmdramaturgie gegründet worden war, geht aus der Fachliteratur nicht hervor. Wie diese beiden Institutionen bei einem ähnlichen Aufgabenbereich zusammengearbeitet haben,bleibt unklar. Es ist zu vermuten, daß hier ein Beispiel für die Kompetenzenvielfalt im Dritten Reich vorliegt.

[43] Albrecht, Gerd, 1969, a.a.O., S. 35, 54.
Melchers, Christoph Bernhard: Untersuchungen zur Wirkungspsychologie nationalsozialistischer Propagandafilme. Köln 1977. Diss., S. 10.
Ford, Charles: Leni Riefenstahl. München 1982, S. 55.
Hippler, Fritz: Die Verstrickung. Düsseldorf 1981, S. 206, 207, 212.

Der dominierende Faktor im NS-Film war jedoch Joseph Goebbels in seiner Person als Reichsminister für Volksaufklärung und Propaganda und als Präsident der Reichskulturkammer. Durch ein am 28. 6..1935 verabschiedetes Gesetz besaß er das Recht, über die Köpfe sämtlicher Instanzen hinweg zu entscheiden.[44] So konnte er zum Beispiel ein Manuskript, welches vom Reichsfilmdramaturgen genehmigt worden war, dennoch verbieten. Sein Wille war oberstes Gebot.[45] Von diesem Recht machte der "Filmpapst" auch reichlich Gebrauch. Goebbels' Eingriffe in die Filmproduktion gingen sogar so weit, daß er selbst ganze Passagen eines Filmmanuskriptes mit seinem grünen Ministerstift korrigierte und umschrieb und die Besetzung der Rollen nach seinem Willen durchsetzte.[46]

Zu den festen Einrichtungen des nationalsozialistischen Veranstaltungskalenders gehörte die Jugendfilmstunde. Sie wurde 1934 eingeführt und von der Hitlerjugend organisiert. Im ersten Jahr 1934/35 besuchten 217.354 Zuschauer auf insgesamt 371 Veranstaltungen die Jugendfilmstunde. 1939/40 waren es bereits mehr als 3 1/2 Millionen Besucher auf 8244 Veranstaltungen. Die Zuschauerzahlen konnten 1942/43 auf 11,2 Millionen bei 45.290 Vorstellungen weiter gesteigert werden.

---

[44] Reichsgesetzblatt 1934, Teil I, S. 811. Zitiert nach: Hollstein, Dorothea, a.a.O., S. 19.

[45] Spiker, Jürgen: Film und Kapital. Berlin 1975. Diss., S. 118.

[46] Herzstein, Robert E., a.a.O., S. 259.
Oertel, Rudolf: Macht und Magie des Films. Weltgeschichte einer Massensuggestion. Wien 1959, S. 394.
Melchers, Christoph Bernhard, a.a.O., S. 21, 22.
Harlan, Veit: Im Schatten meiner Filme. Gütersloh 1966, S. 6, 61, 123, 125.
Rabenalt, Arthur Maria: Film im Zwielicht. Über den unpolitischen Film des Dritten Reiches und die Begrenzung des totalitären Anspruchs. München 1958, siehe Anhang o.S.
Courtade, Francis/ Cadars, Pierre: Geschichte des Films im Dritten Reich. München 1975, S. 181.

Ab 1939 wurde von Goebbels angeordnet, daß die Kinobesitzer einen Sonntagvormittag im Monat regelmäßig für die Durchführung der Jugendfilmstunde freizuhalten hätten. Vor Beginn des Films wurde eine den Film erläuternde Rede gehalten, die es den Zuschauern erleichtern sollte, den Absichten der nationalsozialistischen Propaganda zu folgen.[47] Die Filmvorführungen beschränkten sich nicht nur auf die festen Filmtheater. 1936 gab es ca. 3000 mobile Tonfilmwagen, die in die ländlichen Gebiete fuhren, um auch die Landbevölkerung mit nationalsozialistischer Filmpropaganda zu versorgen.[48] Groß angelegte "Filmweihestunden" sind von den Nationalsozialisten perfekt als Massenveranstaltungen organisiert worden.[49] Auch die Schulen und Universitäten wurden in das Filmpropagandakonzept der Nationalsozialisten mit einbezogen. Die Bedeutung des Films im Schulbereich wird erkennbar, wenn man bedenkt, daß 1940 von 62.000 Schulen im Reich bereits 40.000 über eine Leinwand verfügten.[50] Filmvorführungen fanden auch in öffentlichen Sälen, Vereinslokalen, Sport - und Musikhallen, Gaststätten, Gemeindesälen, auf Dorfplätzen und in Gasthausgärten statt. An einer Freilicht-Feierstunde nahmen 1936 im Berliner Lustgarten 25.000 Menschen teil.
Diese Zahlen beweisen, welche Zuschauermassen die Filmpropaganda mobilisieren konnte[51] und wie schwer es war, sich ihr zu entziehen.

---

[47] Courtade, Francis/ Cadars, Pierre, a.a.O., S. 35.
[48] Ebenda, S. 33.
Herzstein, Robert E., a.a.O., S. 268.
[49] Denzer, Kurt, a.a.O., S. 144.
[50] Courtade, Francis/ Cadars, Pierre, a.a.O., S. 36.
[51] Becker, Wolfgang, a.a.O., S. 123.

b. Die NS-Filmwirtschaft

Als die Nationalsozialisten 1933 die Macht übernahmen, fanden sie in Deutschland die bedeutendste Filmproduktion Europas vor.[52]
Der nationalsozialistischen Filmindustrie gelang es, die Zahl der verkauften Eintrittskarten enorm zu steigern. Im Verleihjahr 1933/34 wurden 244,9 Millionen Karten abgesetzt. 1944 erhöhte sich die Summe der verkauften Karten auf 1.101,7 Milliarden, das heißt, daß 1933/34 jeder Einwohner über 15 Jahre 4,8 mal ein Kino besuchte, während er 1944 durchschnittlich 14,4 mal ins Kino ging.[53]
Eine fast dreifache Steigerungsrate konnten die Nationalsozialisten als Erfolg verbuchen, wodurch bewiesen ist, daß es den Nationalsozialisten gelang, den Kinobesuch in der Bevölkerung zur festen Gewohnheit werden zu lassen.
Trotz der Steigerungsraten und trotz der vorhandenen Produktionskapazitäten stand die Filmwirtschaft 1933 kurz vor dem Bankrott.[54]
Für diese Situation lassen sich folgende Gründe anführen:
Die Filmproduktionskosten stiegen durchschnittlich auf 100%, da die Filme technisch aufwendiger angelegt waren als vor der Machtergreifung.[55] Die Gagen für Schauspieler und Regisseure erreichten Rekordhöhen,[56] um die Auswanderung beliebter Schauspieler und Regisseure zu verhindern. Ein weiterer nicht zu unterschätzender Grund für die krisenhafte Situation war der Abfluß des im Filmwesen zu einem hohen Prozentsatz investierten

---

[52] Taylor, Richard: Filmpropaganda. Soviet Russia and Nazi Germany. London 1979, S. 156.

[53] Albrecht, Gerd, 1979, a.a.O., S. 243. Ebenso stieg die Anzahl der Kinos.
Courtade, Francis/ Cadars, Pierre, a.a.O., S. 32.

[54] Toeplitz, Jerzy, a.a.O., S. 259.

[55] Heiber, Helmut, a.a.O., S. 172.
Becker, Wolfgang, a.a.O., S. 128.
Spiker, Jürgen, a.a.O., S. 143. Hier sind die durchschnittlichen Produktionskosten der deutschen Spielfilme aufgeführt.

jüdischen Kapitals.
Außerdem verlor der deutsche Film im Ausland aus politischen Gründen immer mehr an Ansehen und wurde schon von vielen Ländern gänzlich boykottiert.[57]
1933 betrug der Gewinnanteil deutscher Filme im Ausland 20 bis 40% der Produktionskosten eines Films. 1936 waren es nur noch 6 - 7%.[58] Diese Entwicklung führte dazu, daß die NS-Filmindustrie jährlich mit einem Defizit von 10 - 15 Millionen Reichsmark während der NS-Friedensjahre abschloß.[59]

Um die Filmproduktion weiterhin garantieren zu können, wurde am 1. 6. 1933 die Filmkreditbank GmbH gegründet.[60] Sie gab über 100 Millionen Reichsmark an die Filmproduktionsgesellschaften weiter.[61] und finanzierte teilweise bis zu 70% des Produktionsbudgets eines Films.[62] In welchem Ausmaß die Filmproduktionsgesellschaften von den Krediten der Filmkreditbank abhängig waren, demonstrieren die folgenden Zahlen:

> "1933beteiligte sich die Filmkreditbank an der Finanzierung von 22, 1934 von 49, 1935 von 65 Spielfilmen, das heißt von über 70% der deutschen Gesamtproduktion. Während in der Anlaufperiode 1933 der Kredit der Banken nur 30% der kalkulierten Kosten ausmachte, stieg 1934 der Kreditvorschuß bereits auf 50%, 1935 auf 60% und 1936(in den ersten 5 Monaten) durchschnittlich auf 68% der Herstellungs-

---

[56] Becker, Wolfgang, a.a.O., S. 128.
Albrecht, Gerd, 1979, a.a.O., S. 252.
Spiker, Jürgen, a.a.O., S. 115. Die Gagen stiegen von 1933 - 1945 um über 200%.

[57] Riess, Curt: Das gab's nur einmal. 4 Bde. Wien und München 1977, Bd. II, S. 214.
Courtade, Francis/ Cadars, Pierre, a.a.O., S. 30.
Phillips, M.S.: The German Film Industry and the New Order.
In: Stachura, Peter D.(Hrsg.): The Shaping of the Nazi State. London 1978, S. 265 - 266.

[58] Oertel, Rudolf, a.a.O., S. 380.

[59] Heiber, Helmut, a.a.O., S. 172.
Toeplitz, Jerzy, a.a.O., S. 281.

[60] Albrecht, Gerd, 1969, a.a.O., S. 18.

[61] Albrecht, Gerd, 1966, a.a.O., S. 42.

[62] Toeplitz, Jerzy, a.a.O., S. 259.

> kosten. Da die durchschnittlichen Herstellungskosten pro Film progressiv stiegen, erhöhte sich auch die pro Film investierte Kreditsumme wie folgt: 1933 ca. 90.000 RM, 1934: 155.000 RM, 1935: 242.000 RM, 1936 (bis Mai): 285.000 RM."[63]

Die Filmkreditbank, dessen Vorsitzender der Präsident der Reichsfilmkammer war und damit dem Reichspropagandaministerium unterstand,[64] konnte jedoch die finanzielle Misere der deutschen Filmindustrie nicht mehr aufhalten, sondern sie nur verzögern. So blieb als einziger Ausweg nur noch die Verstaatlichung der Filmindustrie, die sich in mehreren Phasen deutlich abzeichnete[65] (siehe dazu Kapitel III,c.).

Eine weitere Möglichkeit staatlicher Hilfen für die Filmindustrie war die Verleihung von Filmprädikaten.
Ein Filmprädikat konnte je nach Güte des ausgesprochenen Prädikats ermäßigte Vergnügungssteuer oder sogar völlige Steuerfreiheit bedeuten.[66] Ausgesprochen wurden die Prädikate von der Berliner Filmprüfstelle, dessen Vorsitzender ein Beamter des Propagandaministeriums war.[67]
Am 30. 1. 1933 gab es nur 3 Prädikate, die von den Nationalsozialisten aus der Weimarer Republik übernommen worden waren(künstlerisch wertvoll, volksbildend, kulturell wertvoll).[68] Bis 1945 wurde das Prädikatisierungssystem erheblich ausgeweitet. Neben den 3 aus der Weimarer Republik stammenden Filmprädikaten wurden folgende Prädikate neu eingeführt: Staatspolitisch wertvoll, Film der Nation, jugendwert, volkstümlich wertvoll, anerkennenswert, staatspolitisch und künstlerisch besonders wertvoll, staatspolitisch besonders wertvoll,

---

[63] Bächlin, Peter, a.a.O., S. 80.
[64] Bramsted, Ernst K., a.a.O., S. 134.
[65] Toeplitz, Jerzy, a.a.O., S. 259.
[66] Bacmeister, Arnold: Filmprädikate.
In: Der deutsche Film (1942/43), S. 136f.Zitiert nach: Albrecht, Gerd, 1979, a.a.O., S. 152 - 154.
Courtade, Francis/ Cadars, Pierre, a.a.O., S. 18.
[67] Albrecht, Gerd, 1966, a.a.O., S. 44.
[68] Toeplitz, Jerzy, a.a.O., S. 257.

künstlerisch besonders wertvoll.[69]
Wie bedeutend die Filmprädikate für die Filmwirtschaft waren, läßt sich an der Tatsache feststellen, daß ca. 30% aller Filme prädikatisiert wurden.[70] (Insgesamt waren es genau 487 Prädikate für 347 von 1094 uraufgeführten deutschen Spielfilmen im Dritten Reich).[71]
Doch trotz dieser staatlichen Hilfsmaßnahmen verringerte sich die Spielfilmproduktion. Vor dem II. Weltkrieg wurden durchschnittlich im Dritten Reich pro Jahr über 100 Spielfilme produziert. 1941 waren es nur noch 71. 1942 sank die Anzahl der produzierten Spielfilme weiter auf 64.[72] Goebbels versuchte, diesem Prozeß entgegenzuarbeiten. Seiner Meinung nach war gerade im Krieg die Filmproduktion von kriegsentscheidender Bedeutung für die Moral des Volkes.

> "Aber der Krieg beweist es zu Genüge, daß der Mensch nicht allein vom Brote lebt. Auch der Geist und die Seele wollen Nahrung und Stärkung empfangen. Die kulturelle Tätigkeit am deutschen Volk, insbesondere an der deutschen Wehrmacht, ist eine der wichtigsten Voraussetzungen für die Standhaftigkeit und Durchhaltekraft der ganzen Nation in ihrem Schicksalskampf.(...) Wir müssen uns auf den Standpunkt stellen, daß je dunkler die Straßen sind, desto heller unsere Theater und Kinosäle im Lichterglanz erstrahlen sollen. Je schwerer die Zeit ist, desto leuchtender muß sich über ihr die Kunst als Trösterin der Massenseele erheben."[73]

Die einzige Möglichkeit, die Spielfilmproduktion zu steigern und ökonomisch abzusichern, sah Goebbels nur noch durch eine Beschleunigung des Zentralisierungsprozesses in der Filmindustrie gegeben, der 1942 durch

---

[69] Albrecht, Gerd, 1969, a.a.O., S. 24.
Petley, Julian: Capital and Culture. German Cinema 1933 - 1945. London 1979, S. 99.

[70] Spiker, Jürgen, a.a.O., S. 120.

[71] Albrecht, Gerd, 1969, a.a.O., S. 101, 113.

[72] Kriegk, Otto: Der deutsche Film im Spiegel der Ufa. Berlin 1943, S. 282. Zitiert nach: Phillips, M.S., 1971, a.a.O., S. 63.

[73] Goebbels, Joseph: Das Kulturleben im Kriege. Rede zur Jahrestagung der Reichskulturkammer und der NS-Gemeinschaft"Kraft durch Freude" am 27. 11. 1939. In: Goebbels, Joseph: Die Zeit ohne Beispiel. München 1941, S. 218. Zitiert nach: Denzer, Kurt, a.a.O., S. 193.

die Verstaatlichung der gesamten Filmindustrie zum Abschluß gebracht wurde.[74]

c. Der Konzentrationsprozeß im NS-Filmwesen

Die Schlüsselfigur in dem Prozeß der Verstaatlichung der nationalsozialistischen Filmindustrie spielte der "Reichsbeauftragte für den deutschen Film" Dr. h.c. Max Winkler.[75] Er war der Finanzberater von Stresemann und Brüning gewesen,und ihm gehörte die kleine Privatfirma Cautio Treuhand GmbH seit 1929,[76] über die der Verstaatlichungsprozeß der Filmindustrie abgewickelt wurde. Winkler kaufte schrittweise mit Staatsgeldern die Aktien der Filmproduktionsfirmen auf.[77] 1937 befanden sich bereits die 4 größten Filmgesellschaften Tobis, Ufa, Bavaria und Terra in der Hand der Cautio, das heißt im Besitz des Reiches.[78]
Diese 4 Konzerne besaßen im Jahre 1935/36 an der Jahresproduktion von 108 Spielfilmen einen Anteil von 87 Filmen(80,6%), so daß man im Jahre 1937 bereits von einer Teilverstaatlichung der Filmindustrie sprechen kann.[79]

Am 10. 1. 1942 wurden sämtliche Filmkonzerne in der Ufa-Film-GmbH (Ufi) zusammengefaßt. Dieser Trust schluckte insgesamt 138 Einzelfirmen der Filmherstellung.[80]

---

73 Fortsetzung Anmerkung 73:
Über die Bedeutung des Films im Kriege siehe auch das Vorwort des Sonderheftes Film der NSMH 147 (1942), S. 337 - 341 von dem Reichsfilmintendanten Dr. Fritz Hippler.

74 Phillips, M.S., 1971, a.a.O., S. 37, 63.
Hollstein, Dorothea, a.a.O., S. 20.

75 Herzstein, Robert E., a.a.O., S. 265.

76 Toeplitz, Jerzy, a.a.O., S. 260.

77 Petley, Julian, a.a.O., S. 5.

78 Reimann, Viktor: Joseph Goebbels. Wien, München, Zürich 1971, S. 208, 209.
Barkhausen, Hans: Filmpropaganda für Deutschland im Ersten und Zweiten Weltkrieg. Hildesheim 1982, S. 208.

79 Beilage zur Licht-Bild-Bühne 234 (1936). Zitiert nach: Becker, Wolfgang, a.a.O., S. 116.

Hierzu zählten neben der Tobis, Ufa, Bavaria und Terra die Prag Film AG, Wien Film, Continental Film, Paris Film mit Töchtern, Deutsche Zeichenfilm, Mars Film und die Berliner Künstlerbühnen.[81] Der Name dieses Trusts, Ufa-Film GmbH, wurde aus traditionellen Gründen gewählt, da der Name Ufa als Gütezeichen des deutschen Films angesehen wurde.
Mit der Verstaatlichung des deutschen Films waren die finanziellen Probleme gelöst, da die Defizite durch das Staatsbudget vollständig ausgeglichen wurden.[82] Goebbels konnte nun damit beginnen, seine Mammutfilmprojekte zu planen.

d. Die NS-Filmkontrolle

Die NS-Filmzensur war eine durchgreifende, auf mehreren Kontrollmechanismen aufbauende Zensur, an der kein Produzent vorbeikommen konnte. Ein Filmprojekt konnte unmöglich die Reichsfilmdramaturgie und die Filmprüfstelle in Berlin umgehen.[83] Passierte ein Film die Reichsfilmdramaturgie und die Prüfstelle, konnte er von Goebbels selbst noch verboten werden.[84] Die rechtliche Grundlage des nationalsozialistischen Filmzensursystems gewährte das Lichtspielgesetz vom 16. 2. 1934, welches das Lichtspielgesetz aus der Weimarer Republik vom 12. 5. 1920 ersetzte. Gegenüber dem alten Lichtspielgesetz wurde die Neufassung in 2 Punkten entscheidend verändert. Es wurde festgelegt, daß jedes Filmmanuskript vor Drehbeginn einer Vorzensur unterzogen werden mußte, das heißt, daß es dem Reichsfilmdramaturgen zur Begutachtung vorgelegt werden mußte. Wurde das Manuskript nicht genehmigt, war von Anfang an die Produktion des Films gestoppt. Als Verbotsgrund reichte es aus, wenn

---

[80] Courtade, Francis/ Cadars, Pierre, a.a.O., S. 29.
[81] Spiker, Jürgen, a.a.O., S. 226.
[82] Hollstein, Dorothea, a.a.O., S. 21.
[83] Bramsted, Ernst K., a.a.O., S. 119.
[84] siehe Anmerkung 45.

ein Film das "nationalsozialistische und künstlerische Empfinden" verletzte.[85] Auf dieser Grundlage war es sehr einfach, einen Film nicht zur Aufführung kommen zu lassen.[86]

In der NS-Presse wurde das Lichtspielgesetz, welches der Willkür keine Grenzen mehr setzte, folgendermaßen begrüßt:

> "Der Staat will durch positive Mitarbeit verhindern, daß dem Geschmack weiter Bevölkerungskreise abträgliche und Widerspruch auslösende Filme die Zensur passieren. Mit diesen Gesetzen und den ihre Anwendung erleichternden Aus - und Durchführungsbestimmungen hat die nationalsozialistische Regierung der Filmindustrie das Rüstzeug in die Hand gegeben, das sie befähigt, in neuem Geist den neuen nationalen Film zu schaffen, dem allein die Zukunft gehört."87

Damit war jeder freien künstlerischen Filmarbeit das Ende beschieden. Goebbels zynische Beteuerungen über die Freiheit der Kunst klingen wie ein Märchen angesichts der Restriktionen, denen sich der Film ausgesetzt sah.

> "Es darf auch niemand glauben, daß wir die künstlerische und geistige Betätigung in eine Uniform, in ein Schema pressen wollen, daß wir dafür ein Klischee oder eine Norm geben werden. Die Kunst ist frei, die Kunst soll frei bleiben. Allerdings machen wir auch hier einen Vorbehalt. Die Kunst muß sich sittlich und politisch-weltanschaulich an Normen gebunden fühlen, die nun einmal gegeben sind und ohne die ein nationales Zusammenleben unmöglich ist.(...) Und der Staat wird regulierend eingreifen müssen, falls die Norm verletzt wird."88

Und der Staat griff ein, wo er nur konnte. Ein Freiraum für freies künstlerisches Schaffen war kaum mehr möglich. Den Schauspielern und Regisseuren, die versuchten, ihre

---

[85] Lichtspielgesetz, § 7, Reichsgesetzblatt 1934, Bd. I, S. 95. Zitiert nach:
Phillips, M.S., 1971, a.a.O., S. 49.
Bredow, Wilfried von/ Zurek, Rolf, a.a.O., S. 140.
Maiwald, Klaus Jürgen: Filmzensur im NS-Staat. Dortmund 1983, S. 268 - 272.

[86] Courtade, Francis/ Cadars, Pierre, a.a.O., S. 17.

[87] Jason, Alexander: Weltanschauung im Film. In: NSMH 67 (1935), S. 900.

[88] Goebbels, Joseph in Licht-Bild-Bühne Nr. 76 vom 29. 3. 1933. Zitiert nach:
Toeplitz, Jerzy, a.a.O., S. 251.

eigenen Vorstellungen zu verwirklichen und die sich den Anordnungen Goebbels widersetzten, hatten im Dritten Reich keine Zukunft mehr.
Zwei tragische Vorkommnisse sind die Fälle Selpin und Gottschalk gewesen, die beide tödlich endeten.
Der Filmregisseur Herbert Selpin hatte während seiner Karriere mehrere erfolgreiche Spielfilme in der NS-Zeit, wie "Geheimakte WB I (1942),"Carl Peters" (1941) und "Trenck der Pandur" (1940) gedreht.[89] Während der Vorarbeiten für seinen Film "Titanic" machte Selpin eine antinationalsozialistische Bemerkung in aller Öffentlichkeit. Goebbels ließ Selpin daraufhin verhaften. Am 1. 8. 1942 wurde Selpin tot in seiner Zelle aufgefunden. Offiziell wurde bekanntgegeben, er habe sich erhängt. Doch an seinem Hals befanden sich Würgemale, so daß man annehmen kann, daß ein Selbstmord nur vorgetäuscht werden sollte.[90]
Ebenso erging es dem Schauspieler Joachim Gottschalk, der mit einer Jüdin verheiratet war. Er weigerte sich, sich von seiner Frau zu trennen und wählte den Freitod am 6. 11. 1941 zusammen mit Frau und Kind.[91]
Einer der berühmtesten Regisseure des Dritten Reiches, Veit Harlan,"(Jud Süß"1940, "Kolberg" 1945) schildert seitenlang in seinen Memoiren, welchem Druck er durch Goebbels ausgesetzt gewesen war und wie fest dieser die Schauspieler im Griff hatte. Seinen Angaben zufolge mußte jeder Schauspieler, den Goebbels für die Besetzung des antisemitischen Films "Jud Süß" (Veit Harlan 1940) bestimmte, mit der Verurteilung als Deserteur, also mit der Erschießung, rechnen, falls er sich weigerte, die Rolle anzunehmen.[92]

---

[89] Filmkurier vom 7. 8. 1942. Zitiert nach: Wulf, Joseph: Theater und Film im Dritten Reich. Reinbek 1966, S. 299.

[90] Courtade, Francis/ Cadars, Pierre, a.a.O., S. 266, 267.

[91] Wulf, Joseph, a.a.O., S. 391.

[92] Harlan, Veit, a.a.O., S. 100.
Anzumerken ist, daß sich Veit Harlans Memoiren nur in Ausnahmefällen auf Quellenmaterial der NS-Zeit berufen und deshalb, quellenkritisch gesehen, für den Historiker

In der Literatur werden nur 3 Schauspieler genannt, die sich "mehr leisten konnten" als andere Schauspieler und trotz antinationalsozialistischen Verhaltens in ihrem Beruf bleiben konnten.
Gemeint sind die bedeutenden Schauspieler Emil Jannings, Gustav Gründgens und Hans Albers.
Emil Jannings setzte es durch, in einem Film nach Kleists "Der zerbrochene Krug" (Gustav Ucicky 1937)den hinkenden Dorfrichter Adam zu spielen. Der Film war eine Parodie auf Goebbels' Gehleiden und animierte die Zuschauer, während der "Hinkefuß-Szenen" in höhnisches Gelächter auszubrechen.[93]
Hans Albers, der eine jüdische Freundin hatte, wurde von Goebbels jahrelang dazu aufgefordert, sich von ihr zu trennen. Da er wegen der großen Popularität dieses Schauspielers nicht einschreiten konnte, mußte er dieses Verhältnis zu seinem Ärgernis dulden.[94]
Gustav Gründgens konnte es sich leisten, Rollen abzulehnen, da er als Generalintendant der staatlichen Schauspiele dem Ministerpräsidenten von Preußen Hermann Göring unterstand und damit dem Zugriff Goebbels' entzogen war, der ihn gerne als Hauptdarsteller in "Jud Süß" (Veit Harlan 1940) gehabt hätte.[95]
Viele Schauspieler und Regisseure sahen diese restriktive Entwicklung schon 1933 voraus und zogen es vor, zu emigrieren. Unter ihnen befand sich Deutschlands Filmelite wie Albert Bassermann, Ernst Lubitsch, Conrad Veit, Fritz Kortner, Marlene Dietrich, Richard Tauber, Erich Pommer, Leontine Sagan, Robert Wiene, Billie Wilder,

---

[92] nur einschränkend und mit Vorbehalt herangezogen werden können, da man annehmen kann, Veit Harlan habe - auf Kosten der historischen Wahrheit - nur seine eigene Rechtfertigung im Auge gehabt, um auch nach dem Zusammenbruch des Nazi-Regimes als Filmregisseur weiterarbeiten zu können.
Zu dieser Problematik siehe auch die veröffentlichte Magisterarbeit:
Zielinski, Siegfried: Veit Harlan. Analysen und Materialien zur Auseinandersetzung mit einem Regisseur des deutschen Faschismus. Frankfurt a.M. 1981.

[93] Manvell, Roger/ Fraenkel, Heinrich: Goebbels. Eine Biographie. Köln 1960, S. 206.

[94] Ebenda, S. 207.

Robert Sidomak, Detlef Sierk und G.W. Papst.[96]
Auch der bedeutende jüdische Filmregisseur Fritz Lang (1890 - 1976,"Dr. Marbuse, der Spieler" 1922, "Die Nibelungen" 1923/24, "Metropolis" 1926, "M" 1932, "Das Testament des Dr. Mabuse" 1933)[97] wanderte aus, obwohl Goebbels ihm im Propagandaministerium die Führung des gesamten deutschen Filmwesens übertragen wollte.[98] Goebbels war von dem fachlichen Können des Regisseurs so überzeugt, daß er sich nicht von der jüdischen Abstammung Langs abschrecken ließ. Goebbels stellte in seiner Rede im Hotel Kaiserhof am 28. 3. 1933 in Berlin zum Erstaunen der Filmproduzenten, Schauspieler und Regisseure Fritz Langs Film "Die Nibelungen" (1923/24) als mustergültig hin.[99]
Dennoch konnte Goebbels ihn nicht halten. Die Folgen des Massenexodus der Filmelite wirkte sich sofort auf die Produktionsquantität aus. 1934 wurden noch 129 Spielfilme produziert - 1935 waren es nur noch 92 Spielfilme.[100]
Mit der Reglementierung des Filmwesens gingen die freiheitseinschränkenden Maßnahmen gegenüber der Presse einher. 1936 wurde offiziell die Filmkritik verboten. Durch einen Erlaß vom November 1936 legte Goebbels kurzerhand fest:

> "Da auch das Jahr 1936 keine befriedigende Besserung der Kunstkritik gebracht hat, untersage ich mit dem heutigen Tage endgültig die Weiterführung der Kunstkritik in ihrer bisherigen Form."[101]

Die Kunstkritik wurde in eine Kunstbetrachtung um-

---

[95] Harlan, Veit, a.a.O., S. 91.

[96] Albrecht, Gerd, 1969, a.a.O., S. 267.
Manvell, Roger/ Fraenkel,Heinrich: The German Cinema. London 1971, S. 70.
Courtade, Francis/ Cadars, Pierre, a.a.O., S. 10.
Richards, Jeffery: Visions of Yesterday. London 1973, S. 293.

[97] Sadoul, Georges: Geschichte der Filmkunst. Frankfurt a.M. 1982, S. 429, 430.

[98] Maibohm, Ludwig: Fritz Lang. Seine Filme - sein Leben. München 1981, S. 165 - 167.

[99] Goebbels, Joseph - Rede im Hotel Kaiserhof am 28. 3. 1933. Zitiert nach:
Albrecht, Gerd, 1979, a.a.O., S. 27.

funktioniert. Sie

> "soll alles enthalten, was zu sagen ist, aber sie soll nicht richten. Für die Beurteilung eines Kunstwerkes kann im nationalsozialistischen Staat nur die nationalsozialistische Kulturauffassung maßgebend sein. Nur Partei und Staat sind in der Lage, aus dieser nationalsozialistischen Kunstauffassung heraus Werte zu bestimmen."[102]

Von 1936 an wurden Weisungen des Propagandaministeriums an die Presse weitergegeben, in denen zu den einzelnen Spielfilmen genaue Angaben aufgelistet waren, in welchem Sinne der betreffende Spielfilm in der Presse behandelt werden sollte. Diese amtlichen Rezensionsanleitungen konnten von der Presse nicht umgangen werden, so daß es den Filmjournalisten nicht mehr möglich war, ihre eigenen Meinungen und Sichtweisen in ihren Filmbesprechungen zum Ausdruck zu bringen.[103]

Für "Meckerer" und "Kritikaster", so pflegte sich Goebbels auszudrücken, sollte kein Platz mehr sein.[104]

---

[100] Spiker, Jürgen, a.a.O., S. 114.

[101] Glaser, Hermann: Das Dritte Reich. Anspruch und Wirklichkeit. Freiburg 1961, S. 79. Zitiert nach: Albrecht, Gerd, 1979, a.a.O., S. 275.

[102] Kliesch, Hans Joachim: Die Film-und Theaterkritik im NS-Staat. Berlin 1957. Diss., S. 23.
Berndt, Alfred I. am 29.1. 1936 im Völkischen Beobachter. Zitiert nach:
Albrecht, Gerd, 1979, a.a.O., S. 275.

[103] Hollstein, Dorothea, a.a.O., S. 224.

[104] Heiber, Helmut, a.a.O., S. 153.

IV. Der historische NS-Spielfilm als Propagandamittel

a. Die Suggestivkraft des Films und seine Wirkung als Massenkommunikationsmittel

Die Ergebnisse der wissenschaftlichen Erforschung der psychologischen Wirkung des Films lassen sich auf einen Nenner bringen.
Der Zuschauer im Kino wird mit einer Flut von beweglichen Bildern konfrontiert, die so schnell vor dem Zuschauer ablaufen, daß ihm keine Zeit bleibt, über das Gesehene nachzudenken, es kritisch zu verarbeiten.[105] Der Zuschauer nimmt die Filmhandlung somit unreflektiert hin - er wird in die Filmhandlung miteinbezogen, da er das, was sich vor ihm abspielt, nicht mehr rational wahrnimmt. Der Zuschauer fühlt sich nicht mehr gegenwärtig in seinem eigenen Dasein, sondern er fühlt sich in den Zeitraum und in das Geschehen der Filmhandlung versetzt.[106] Er hält die Handlung, die sich vor ihm abspielt, für die Realität. "What you see in the picture, is true, and it is true, because you have seen it".[107]

Kracauer stellt die Suggestivkraft des Films folgendermaßen dar:

> "Der Kinobesucher ist in einer ähnlichen Lage wie eine hypnotisierte Person. Gebannt vom leuchtenden Rechteck vor seinen Augen - das dem glitzernden Gegenstand in der Hand des Hypnotiseurs

---

[105] Duhamel, Georges: Scènes de la vie future. Paris [2]1930, S. 52. Zitiert nach: Benjamin, Walter: Die Kunst im Zeitalter seiner technischen Reproduzierbarkeit. Frankfurt a.M. 1981, S. 39.

[106] Kracauer, Siegfried: Theorie des Films. Frankfurt a.M., S. 216.

[107] Firth: The Use of Film in Teaching History. In: History 17 (1932/33), S. 137. Zitiert nach: Muth, Heinrich: Der historische Film. Historische und filmische Grundprobleme. In: GWU 6 (1955), S. 745.

> gleicht - bleibt ihm nichts anderes übrig, als den Suggestionen zu erliegen, die in sein leeres Inneres eindringen."108

Diese Bewußtseinsschwächung wird durch die Dunkelheit im Kino, so behauptet Kracauer, noch weiter verstärkt und verringert das Verhältnis des Zuschauers zur Wirklichkeit, dessen Geist schließlich einschläft.[109] und in einen"innerlichen Taumel" versetzt wird.[110] Daher erweist sich gerade der Film als ein hervorragendes Erziehungsmittel, welches bei geschickter Anwendung große Beeinflussungsmöglichkeiten hat.
Hagemann kommt in diesem Zusammenhang zu folgendem Schluß:

> "Der Film hat die Umgangsformen und die Umgangssprache, den Lebensstil und die Lebensauffassungen tiefer beeinflußt als alle pädagogische und lebenskundliche Erziehung. Ein einziger Film kann alles zerschlagen, was einem heranwachsenden Menschen an Grundsätzen und Anschauungen mühsam beigebracht worden ist, falls es in ihm noch nicht feste Wurzeln gefaßt hat. Ein patriotischer oder historischer Film wird stärkere Gemeinschaftsbildungen ausstrahlen als jahrelanger vaterländischer und geschichtlicher Unterricht, denn hier wird nicht irgend etwas beschrieben oder als abstrakte Forderung aufgestellt, sondern es wird vorgelebt als sichtbare Wirklichkeit."111

Ein oft beobachtetes Phänomen ist die Tatsache, daß im Film Identifikationsfiguren auftauchen, die sich der

---

108 Kracauer, Siegfried, 1964, a.a.O., S. 218.

109 Ebenda, S. 217, 218.

110 Cohen-Séat, Gilbert: Film und Philosophie. Gütersloh 1962, S. 99. Zitiert nach:
Prokop, Dieter, 1982, a.a.O., S. 236.
Kritisch sei an dieser Stelle angemerkt, daß Kracauer das beim Zuschauer vorhandene Vorverständnis außer acht läßt. Ein Kinobesucher des Jahres 1935 wäre mit festgelegten Vorstellungen in den Spielfilm "Der alte und der junge König" (Hans Steinhoff 1935) gegangen, da er ein klarumrissenes Bild über Friedrich den Großen durch den Geschichtsunterricht oder sonstige Informationsquellen besaß. Die im Film vorkommenden Anekdoten waren dem Kinopublikum von 1935 genauestens bekannt. Eine Abänderung oder Verfälschung der Anekdoten wäre dem Publikum sofort aufgefallen.

111 Hagemann, Walter: Vom Mythos der Masse. Heidelberg 1951, S. 253.

Zuschauer zum Vorbild nehmen soll.[112] Das Verhalten der Identifikationsfigur soll vom Zuschauer nachgeahmt werden. Tatsächlich werden, so hat man beobachtet, Gebärden und Handlungen der Identifikationsfigur im Film von den Zuschauern imitiert. Dieser Imitationseffekt wurde von den NS-Propagandisten in den NS-Spielfilmen genutzt. So wie "Hitlerjunge Quex" im Film (Hans Steinhoff 1933) sich gegen den Kommunismus stellte und heldenhaft in den Tod ging, so sollte auch der jugendliche Zuschauer aufopfernd gegen den kommunistischen Feind kämpfen und die im Film dargestellten nationalsozialistischen Werte als seine eigenen annehmen.

b. Kategorisierung und Quantität der historischen NS-Spielfilme

Eine eindeutige Kategorisierung von historischen NS-Spielfilmen ist nicht möglich, da ein Spielfilm zum Beispiel sowohl biographisch als auch gleichzeitig antibritisch sein kann. ("Ohm Krüger", Hans Steinhoff 1941).
Dennoch lassen sich thematische Schwerpunkte setzen, die eine grobe Einteilung der historischen Spielfilme in folgende Bereiche zulassen:
- Die Preußenfilme
- Die Kriegsfilme
- Die Filme über die Geschichte der "Bewegung"[113]
- Filme über das unterdrückte "Deutschtum im Ausland"
- Die Antifilme[114] (antibritisch, antifranzösisch, antisemitisch, antibolschewistisch)
- Biographische Filme

---

[112]Ebenda, S. 252.
[113]Berghoff, Gerd: Die Spielfilmproduktion 1933 - 1945. In: Dammeyer, Manfred, a.a.O., S. 34.
[114]Ebenda, S. 35.

Während der NS-Herrschaft wurden insgesamt 1094 Spielfilme hergestellt, 153 davon waren ausgesprochene Propagandafilme (14%).[115]
Unter dem Begriff NS-Propagandafilm versteht Albrecht einen Film, der nationalsozialistisches Gedankengut zum Ausdruck bringt und der vom Reichsministerium für Volksaufklärung und Propaganda "gegenüber der Öffentlichkeit als politisch oder propagandistisch belangvoller Film ausgegeben wurde" (zum Beispiel durch entsprechende Prädikatisierungen). Alle anderen Spielfilme werden von Albrecht als "non-Propagandafilme" bezeichnet, denen allerdings "verdeckte politisch propagandistische Funktionen zugeschrieben" werden können.[116]
Da alle historischen Spielfilme in den Bereich der Propagandafilme fallen, aber nicht alle Propagandafilme historische Spielfilme gewesen sind, kann man davon ausgehen, daß die historische Spielfilmproduktion im Dritten Reich an der Gesamtproduktion einen Anteil von unter 10% hatte. Diese niedrige Prozentzahl läßt sich folgendermaßen erklären:
Goebbels war ein entschiedener Verfechter eines Films der unauffälligen Propaganda, einer Propagandatechnik, die mehr unbewußt und versteckt wirken sollte im Gegensatz zu einer plumpen, unglaubwürdigen, direkten Propaganda wie zum Beispiel in dem Film "Hans Westmar" (Franz Wenzler 1933), den Goebbels ablehnte, da ihm dieser Film zu direkt war und damit seine Wirkung verfehlte.[118]

> "Das ist also die eigentlich große Kunst: Zu erreichen, ohne mit dem Anspruch des Erziehens aufzutreten, daß sie zwar eine Erziehungsaufgabe vollführt, ohne daß das Objekt der Erziehung überhaupt

---

[115] Albrecht, Gerd, 1979, a.a.O., S. 246.
[116] Ebenda, S. 244.
[117] Leiser, Erwin, a.a.O., S. 18.
[118] Regel, Helmut: Zur Topographie des NS-Films. In: Filmkritik 1 (1966), S. 5.

> merkt, daß es erzogen wird, wie ja das überhaupt auch die eigentliche Aufgabe der Propaganda ist. Nicht das ist die beste Propaganda, immer sichtbar zutage zu treten, sondern das ist die beste Propaganda, die sozusagen unsichtbar wirkt, das ganze Leben durchdringt, ohne daß das öffentliche Leben überhaupt von der Initiative der Propaganda irgendeine Kenntnis hat."[119]

Daher läßt sich die Produktion von hauptsächlich heiteren, "seichten" Filmen erklären, denen Goebbels einen höheren Unterhaltungswert beimaß, zumal sie noch seit Beginn des Krieges als Ablenkungsmittel vor den Alltagssorgen dienten.[120]

c. Ideologievorstellungen und Themen im historischen NS-Spielfilm

Allgemein läßt sich aussagen, daß im nationalsozialistischen historischen Spielfilm Ideologievorstellungen wie Treue, Kameradschaft, Opfersinn, Gerechtigkeit, Gehorsam, Stolz, Mut, Gefolgschaftsdenken und Vaterlandsliebe thematisiert werden. Diese Wertvorstellungen kommen in verschiedener Intensität und Konstellation in allen historischen NS-Spielfilmen vor.[121]

Thema Preußen: Die Produktion von Preußenfilmen war in der Filmgeschichte kein Novum. Die Nationalsozialisten konnten in dieser Beziehung auf ein reichhaltiges Erbe der Weimarer Republik zurückblicken. Von 1922 - 1930 sind allein über Friedrich den Großen 9 Spielfilme gedreht worden("Fridericus Rex", 4 teiliger Film von

---

[119] Goebbels, Joseph: Rede vor der Reichsfilmkammer vom 15. 2. 1941. Zitiert nach: Albrecht, Gerd, 1969, a.a.O., S. 468.

[120] Steinbeck, Dieter: Oper und Turnen. Zur Rolle im nationalsozialistischen Revuefilm. In: Belach, Helga(Hrsg.): Wir tanzen um die Welt. Deutsche Revuefilme 1933 - 1945. München, Wien 1979, S. 68, 69.
Rabenalt, Arthur Maria, a.a.O., S. 32.
Witte, Karsten: Die Filmkomödie im Dritten Reich. In: Denkler, Horst/ Prümm, Karl(Hrsg.): Die deutsche Literatur im Dritten Reich. Stuttgart 1976, S. 315.

A. von Cserepy 1922/23, "Die Mühle von Sanssouci" Siegfried Philippi 1925/26, "Der alte Fritz", 2 teiliger Film von Gerhard Lamprecht 1928, "Das Flötenkonzert von Sanssouci" Gustav Ucicky 1930).[122]
Diese Preußenfilme erfüllten gleichzeitig mehrere Funktionen. In ihrer Eigenschaft als Kostümfilme lenkten sie von den Alltagssorgen ab. Durch das autoritäre Auftreten Friedrich des Großen verherrlichten sie den Führergedanken und dienten somit als Trostmittel nach dem verlorenen Weltkrieg und Versailles. Denn in jedem dieser Fridericus-Rex-Filme wird zum Ausdruck gebracht, daß auch die aussichtslosesten Situationen gemeistert werden können, wenn das Volk geschlossen hinter seinem Führer steht.[123]
Diese Tradition der Fridericus-Rex- und Preußenfilme wurde von den Nationalsozialisten fortgesetzt. Hierunter fallen die Filme "Der alte und der junge König" (Hans Steinhoff 1935) und die beiden Durchhaltefilme "zum letzten Aufgebot" "Affäre Roedern" (Erich Waschneck 1944) und"Kolberg" (Veit Harlan 1945). Wie in der Weimarer Republik, so idealisierten auch diese Filme preußische Tugenden im nationalsozialistischen Sinne.

Die Kriegsfilme: Der nationalsozialistische Kriegsfilm ist eng mit dem Namen des Filmregisseurs Karl Ritter verbunden. Er drehte unter anderem Filme wie "Urlaub auf Ehrenwort" (1938), "Unternehmen Michael" (1937) und "Pour le mérite" (1938). Im Vordergrund dieser Filme stehen die Glorifizierung und Verklärung des I. Weltkrieges als Stahlbad, der Heldentod des deutschen Soldaten für das Vaterland, dessen Tod nicht umsonst ist. Kennzeichnend für die Filme über den

---

[121] Oertel, Rudolf, a.a.O., S. 389.
Jagschitz, Gerhard: Filmpropaganda im Dritten Reich. In: Konlechner, Peter/ Kubelka, Peter(Hrsg.): Propaganda und Gegenpropaganda im Film 1933 - 1945. Wien 1972, S. 24.

[122] Courtade, Francis/ Cadars, Pierre, a.a.O., S. 69.

[123] Marquart, Axel/ Rathsack, Heinz(Hrsg.): Preußen im Film. Reinbek 1981, S. 172.

I. Weltkrieg ist die Thematisierung der Dolchstoßlegende, vor allem in "Pour le merite".[124]
Die Filme über die Geschichte der "Bewegung": Hier können nur insgesamt drei Filme genannt werden, die alle 1933 entstanden sind ("Hitlerjunge Quex" Hans Steinhoff, "SA-Mann Brandt" Franz Seitz,"Hans Westmar" Franz Wenzler).
In diesen Filmen wird die Auseinandersetzung zwischen Nationalsozialismus und Kommunismus in der Zeit der dekadenten Weimarer Republik dargestellt. Die Hauptperson stirbt in diesen Filmen für die "Bewegung" und verhilft dem Nationalsozialismus durch seinen Opfertod zum Siege.[125]
Filme über das "unterdrückte Deutschtum im Ausland":
In diese Rubrik fallen Filme wie "Flüchtlinge" (Gustav Ucicky 1933), "Menschen ohne Vaterland" (Herbert Maisch 1937), "Der Kaiser von Kalifornien" (Luis Trenker 1936), "Die Reiter von Deutsch-Ostafrika" (Herbert Selpin 1934), "Ein Mann will nach Deutschland" (Paul Wegener 1934) und "Heimkehr" (Gustav Ucicky 1941). In diesen Filmen wird dargestellt, welchen Repressionen die Auslandsdeutschen täglich ausgesetzt sind.[126]
Die Antifilme: Allgemein kann gesagt werden, daß in fast allen historischen NS-Spielfilmen antibolschewistische, antibritische, antifranzösische und antisemitische Elemente in mehr oder weniger stärkerer Akzentuierung auftreten. Als ein typisch antibolschewistischer Film kann "GPU" (Karl Ritter 1942) bezeichnet werden. In

---

[124] Waldekranz, Rune/ Arpe, Werner: Knaurs Buch vom Film. München, Zürich 1956, S. 280.
Berghoff, Gerd, a.a.O., S. 33.

[125] Ebenda, S. 34.
Ergänzt werden muß diese Trilogie über die Geschichte der "Bewegung" durch den Film "Pour le merite" (Karl Ritter 1938). Daß dieser Film in der Fachliteratur nicht zu diesem Themenkreis gezählt wird, bleibt mir unverständlich, da sich ungefähr die Hälfte des Films auf die Weimarer Republik bezieht und die Frühgeschichte der NSDAP thematisiert.

[126] Berghoff, Gerd, a.a.O., S. 35.

diesem Film werden die Machenschaften und Folterungsmethoden des russischen Geheimdienstes gegenüber der deutschen Bevölkerung thematisiert.
Ein typisch antifranzösischer Spielfilm ist im Dritten Reich nicht gedreht worden.
Zu den antibritischen Spielfilmen zählen"Ohm Krüger" (Hans Steinhoff 1941), "Mein Leben für Irland" (Max W. Kimmich 1941) und der"Fuchs von Glenarvon" (Max W. Kimmich 1940). Die beiden letztgenannten Filme stellen die britische Machtgier und Unterdrückungsmaschinerie gegenüber den um ihre Freiheit kämpfenden Iren dar.

Zu den antisemitischen Filmen zählen "Jud Süß" (Veit Harlan 1940), "Die Rothschilds" (Erich Waschnek 1940) und "Der ewige Jude" (Fritz Hippler 1940), wobei der letzte jedoch kein Spielfilm ist.[127]
Die biographischen Filme: Der biographisch historische Spielfilm war besonders beliebt. Dieses läßt sich an Hand der Quantität der biographischen Spielfilme nachweisen. Es wurden die Filme "Das unsterbliche Herz" über Peter Henlein (Veit Harlan 1938), "Robert Koch" (Hans Steinhoff 1939), "Friedrich Schiller" (Herbert Maisch 1940), "Friedemann Bach" (Traugott Müller 1941), "Der große König" (Veit Harlan 1942), "Bismarck" (Wolfgang Liebeneiner 1940), "Die Entlassung" (Wolfgang Liebeneiner 1942), "Ohm Krüger" (Hans Steinhoff 1941), "Wen die Götter lieben" über Mozart (Karl Hartl 1942), "Andreas Schlüter" (Herbert Maisch 1942), "Diesel" (Gerhard Lamprecht 1942), "Geheimakte WB I" über den Erfinder des U-Bootes, Bauer (Herbert Selpin 1942), "Rembrandt" (Hans Steinhoff 1942), "Paracelsus" (G.W. Papst 1943), "Der unendliche Weg" über den Nationalökonom und Eisenbahnpionier Friedrich List (Hans Schweikart 1943) gedreht.[128]

---

[127] Ebenda, S. 35 - 36.
Neben der Dissertation von Hollstein, Dorothea, a.a.O., sind für diesen Bereich grundlegend:
Knilli, Friedrich/ Maurer, Thomas(Hrsg.): "Jud Süß". Filmprotokoll, Programmheft und Einzelanalysen. Berlin 1983.
Bucher, Peter: Die Bedeutung des Films als historische Quelle:"Der ewige Jude" (1940).
In: Duchhardt, Heinz/ Schlenke, Manfred(Hrsg.): Festschrift für Eberhard Kessel zum 75. Geburtstag. München 1982, S. 300 - 329.

[128] Petley, Julian, a.a.O., S. 139.

In jedem dieser Spielfilme kämpft das von der "Vorsehung"auserwählte Genie gegen seine verständnislose, rückständige Umwelt an.[129]

d. <u>Die Geschichte als Propagandawaffe in den historischen NS-Spielfilmen</u>

Bei der Interpretation von historischen NS-Spielfilmen lassen sich zwei unterschiedliche Verfahren aufzeigen, mit deren Hilfe die Geschichte der nationalsozialistischen Propaganda dienstbar gemacht wurde.
Vorweg sei schon an dieser Stelle angemerkt, daß beide Verfahren versuchen, die Geschichte für die Gegenwart nutzbar zu machen.
Im ersten Verfahren nimmt die Geschichte die Rolle einer Verkleidung der Gegenwart ein. In den Spielfilmen, die nach diesem Muster aufgebaut sind, wird die Parallelität des historischen Gehaltes zur Gegenwart sehr deutlich herausgearbeitet. Der Durchhaltefilm "Kolberg" (Veit Harlan 1945) ist hierfür ein typisches Beispiel. Der Kinozuschauer im Jahre 1945 erlebte hier im Grunde genommen nichts anderes als eine NS-Wochenschau im historischen Kostüm. Diese Parallelität zwischen der Historie und der damaligen Gegenwart hat die Atlas Filmgesellschaft unter der Leitung von Gert Berghoff in der Neubearbeitung des Filmes "Kolberg" nachgewiesen. Die einzelnen Spielfilmszenen wurden in der neubearbeiteten Fassung durch Einblendungen aus Wochenschaumaterial unterbrochen, so daß sich herausstellte, daß bis ins Detail hinein die "Deutsche Wochenschau" als Vorlage für den Spielfilm gedient hatte.
Im zweiten Verfahren offenbart sich die Geschichte als Vorform - als"Präfiguration" der Gegenwart (nach

---

[129] <u>Denzer</u>, Kurt, a.a.O., S. 279.

Regel).[130]
Diese Filme spielen in der friderizianischen Ära, in der napoleonischen Zeit oder in der Bismarck-Ära. In ihnen wird die nationalsozialistische Geschichtsauffassung von der historischen Kontinuitätslinie Friedrich der Große - Bismarck - Hitler deutlich. Am Schluß des Bismarck-Films von Wolfgang Liebeneiner (1940) stellt Bismarck die Frage: "Mein Werk ist getan. Es war nur ein Anfang. Wer wird es vollenden?"[131]
Dem Zuschauer fiel es auf diese Bemerkung hin nicht schwer, an Adolf Hitler zu denken, der hier in seiner Eigenschaft als Nachfolger Bismarcks auf die Errungenschaften der Bismarckschen Politik - das Zweite Reich - aufbaute und ein neues Reich begründete - das Dritte Reich, welches über die"kleindeutsche Lösung" hinausging. Durch dieses "Präfigurationsverfahren", in dem das Dritte Reich als Endprodukt einer historischen Entwicklung steht, erhalten der friderizianische Staat und die Bismarck-Ära die Aufgabe, das Dritte Reich mit Hilfe der historischen Autorität zu legitimieren. Auf eine kurze Formel gebracht heißt das: Die Vergangenheit legitimiert die Gegenwart.[132]
Durch diese Propagandataktik wird bei dem Zuschauer der Analogieschluß erzeugt, daß die Geschichte gesetzmäßig abläuft und daß Hitler als Kontinuitätsfaktor in der deutschen Geschichte anzusehen ist, dem es aus Gründen der historischen Notwendigkeit gelingen wird, seine Ziele zu verwirklichen.
Ausgesucht wurden von den Filmproduzenten nur diejenigen Stoffe, die nach diesen Verfahrensschemata redigiert werden konnten. Falls dieses nicht vollständig möglich war, schreckte man keinesfalls davor zurück, historische Fakten zu verfälschen oder abzuändern.

---

[130] Regel, Helmut: Historische Stoffe als Propagandaträger.
In: Dammeyer, Manfred(Hrsg.): Der Spielfilm im Dritten Reich. Oberhausen 1966, S. 117 - 120.

[131] Hollstein, Dorothea, a.a.O., S. 163.

[132] Regel, Helmut: Historische Stoffe als Propagandaträger.
In: Dammeyer, Manfred, a.a.O., S. 126.

Der Reichsfilmintendant Fritz Hippler schrieb in seinen "Betrachtungen zum Filmschaffen": "Da die Welt aber nicht aus spezialisierten Geschichtsprofessoren besteht", komme es auf Genauigkeit der historischen Darstellung nicht sonderlich an.[133]

An anderer Stelle schreibt er weiter:

> "Der historische Film hat weder die Möglichkeit noch auch nur die Aufgabe, die Vergangenheit gleichsam abstrakt und absolut zu rekonstruieren. Er muß neben den Gegebenheiten der historischen Situation die Gegebenheiten der gegenwärtigen allgemeinen Geschichtsvorstellungen vorausetzen."[134]

Goebbels' Meinung zu diesem Thema ging in seiner Rede vor der Reichsfilmkammer in die gleiche Richtung.

> "Man wird füglich von einem geschichtlichen Darsteller nicht verlangen können, daß er der Geschichte gegenübertritt wie der Historiker. Der Historiker hat die Aufgabe, die Geschichte darzustellen, wie sie nach dem ihm zur Verfügung stehenden Quellenmaterial tatsächlich ist. Der Künstler ist nicht ausschließlich auf das Quellenmaterial angewiesen. Er hat das Recht, ich möchte sagen, intuitiv in geschichtliche Vorgänge einzudringen und sie aufgrund einer intuitiven Einsicht zu gestalten. Und es hat sich dann immer erwiesen, daß große Künstler geschichtliche Vorgänge in einem höheren Sinne wahrheitsgetreu gesehen und dargestellt haben, als die Historiker (...). Ich kann deshalb vom Künstler nicht verlangen, daß er geschichtliche Vorgänge in ihrem Ablauf so darstellt wie der Historiker, sondern ich muß ihm das Recht einräumen, zur Kompensierung dieser geschichtlichen Schau und zur Überhöhung des künstlerischen Effektes geschichtliche Vorgänge anders aneinanderzureihen, zu kontrastieren als das der Wissenschaftler darf(...). Der Künstler hat im Gegenteil das Recht, die Vorgänge des künstlerischen Effektes wegen entweder auseinanderzuziehen oder aneinanderzurücken. Er hat darüber hinaus das Recht, die geschichtlichen Charaktere des künstlerischen Effektes wegen zu verschärfen, zu verfeinern, zu kondensieren, mit einem Wort: zu verdichten. Daher stammt ja auch das Wort "Dichter"(...). Das ist eine Wahrheit in höherem Sinne!"[135]

---

[133] Hippler, Fritz: Betrachtungen zum Filmschaffen. Berlin 1942, S. 78.

[134] Ebenda, S. 78.

[135] Goebbels, Joseph: Rede vor der Reichsfilmkammer 1937. Zitiert nach: Bredow, Wilfried von/ Zurek, Rolf, a.a.O., S. 185 - 186.

Mit dieser "Wahrheit in höherem Sinne" war den Filmproduzenten der Freibrief für den willkürlichen Umgang mit der Geschichte gegeben.
So wird in dem Spielfilm "Unternehmen Michael" (Karl Ritter 1937) der "heroische Kampf" der deutschen Soldaten 1918 an der Westfront gegen Engländer und Franzosen so dargestellt, als ob zu Ende des I. Weltkrieges ein Sieg nach dem anderen von deutscher Seite errungen worden wäre, so daß jemand, der keine Kenntnisse über die Geschichte des I. Weltkrieges besitzt, dem Glauben verfallen könnte, Deutschland habe den I. Weltkrieg gewonnen.[136]
Sehr weit gehen die Geschichtsfälschungen in dem Film "Kolberg" (Veit Harlan 1945). In der Filmhandlung wird der Artilleriebeschuß der Franzosen aufgrund eines Streites zwischen den französischen Generälen eingestellt. Diesen Streit zwischen den französischen Generälen, der der Einwohnerschaft Kolbergs zugute kommt, hat es in Wirklichkeit nie gegeben. Das Artilleriefeuer wurde eingestellt, weil inzwischen die Nachricht von den Waffenstillstandsverhandlungen eintrafen, die dem Frieden von Tilsit vorausgingen.
Auch die Tatsache, daß die Franzosen bereits in Kolberg einmarschiert waren, wird in dem Film einfach verschwiegen.[137]
Ein weiteres Mittel der nationalsozialistischen Propagandatechnik war die gezielte Produktion von historischen Spielfilmen zu bestimmten Anlässen. Es läßt sich an Hand der historischen Spielfilme nachweisen, auf welche Art und Weise das nationalsozialistische Regime seine eigenen Anordnungen und Maßnahmen durch den Film rechtfertigen wollte.[138]

Auf den Röhm-"Putsch" folgte "Der alte und der junge König" (Hans Steinhoff 1935). Der Preußenkönig

---

[136] Leiser, Erwin, a.a.O., S. 32.

[137] Ebenda, S. 114 - 115.

[138] Herzstein, Robert E., a.a.O., S. 308.

läßt in diesem Spielfilm den Leutnant Katte enthaupten, obwohl das Gericht ihn nur zur Festungshaft verurteilt hatte. Der Preußenkönig handelt hier wie Hitler als oberster Gerichtsherr. Es folgen Aussprüche wie "Sein Wille ist Gesetz, und was sich ihm nicht beugt, muß er vernichten".(...) "Diese Taten sind zu groß, um von so kleinen Geistern verstanden zu werden".[139]

1935 wird der stark antibolschewistische Spielfilm "Friesennot" (Peter Hagen)gedreht, 1939 folgt ihm"Kadetten" (Karl Ritter), der ebenfalls die antikommunistische Haltung des NS-Regimes widerspiegelt. Da jedoch diese antibolschewistische Haltung 1939 im Hinblick auf den deutsch-sowjetischen Nichtangriffspakt nicht mehr opportun war, wurden beide Filme verboten. Nach Beginn der Kampfhandlungen zwischen Deutschland und Rußland standen beide Filme jedoch wieder für das Kinoprogramm zur Verfügung.[140]

Nach den Kampfhandlungen gegen Polen erschien 1940 der antipolnische Spielfilm "Feinde" (Viktor Tourjansky) und 1941 "Heimkehr" (Gustav Ucicky). Beide Filme stellen das bestialische Verhalten der polnischen Bevölkerung gegenüber den "Volksdeutschen" dar. Diese Filme sollten den Einmarsch der deutschen Wehrmacht in Polen legitimieren.[141]

Die"Endlösung der Judenfrage", wie sie auf der Wannseekonferenz 1942 geregelt worden ist, wurde durch die Trilogie der antisemitischen Filme "Die Rothschilds" (Erich Waschnek), "Jud Süß" (Veit Harlan) und "Der ewige Jude" (Fritz Hippler), die alle 1940 entstanden sind, im Film vorbereitet.[142] Diese Filme sollten systematisch das in der Bevölkerung noch vorhandene Mitleid gegenüber den Juden ausschalten und der SS die physische Vernichtung der Juden erleichtern. Himmler

---

[139] Leiser, Erwin, a.a.O., S. 49.

[140] Courtade, Francis/ Cadars, Pierre, a.a.O., S. 148, 156.

[141] Leiser, Erwin, a.a.O., S. 66 - 67.

[142] Rutherford, Ward: Hitlers Propaganda Machine. London 1958, S. 121
Richards, Jeffery, a.a.O., S. 337.

gab offiziell die Anweisung, daß der Film "Jud Süß" der gesamten SS vorgeführt werden sollte.[143]
Nach der Schlacht von Stalingrad und mit der zunehmenden Verschlechterung der Situation an allen Fronten für die deutsche Wehrmacht tauchen die sogenannten Durchhaltefilme in den Kinos auf ("Der große König" (Veit Harlan 1942), "Die Affäre Rödern" (Erich Waschnek 1944), "Kolberg" (Veit Harlan 1945)).
Die propagandistische Absicht dieser Filme war es, die Bevölkerung zum Kampf bis "5 nach 12" aufzufordern.
So heißt es zum Beispiel in dem Film "Die Affäre Roedern": "Preußen ist nie verloren, solange der König lebt!"[144]
Die umfassende Reihe der biographischen Spielfilme läßt sich ebenfalls auf einen Zeitraum festlegen. Sie sind alle zwischen 1939 und 1942 entstanden. Gerade diese Filme eigneten sich besonders dazu, Genie und Mythos einer Führerpersönlichkeit darzustellen. In einem Zeitraum, in dem es für das nationalsozialistische Regime besonders wichtig war, auf eine treue "Gefolgschaft" herabblicken zu können.
Da die Filmproduktion zu bestimmten Zeiten themenzentriert war, konnte sie den Zuschauern gezielt ein Hilfsmittel zur Verarbeitung der Zeitereignisse an die Hand geben und sie damit im nationalsozialistischen Sinne beeinflussen.

---

[143] Der Erlaß Himmlers ist bei Wulf abgedruckt.
Wulf, Joseph, a.a.O., S. 405.

[144] Kahlenberg, Friedrich P.: Preußen als Filmsujet in der Propagandasprache der NS-Zeit.
In: Marquart, Axel/ Rathsack, Heinz, a.a.O., S. 161.

e. Die Darstellung des Todes in den historischen NS-Spielfilmen

Das wohl interessanteste Phänomen im historischen NS-Spielfilm ist die Auseinandersetzung mit dem Thema Töd. Die Intention war klar - dem Zuschauer sollte der "höhere Sinn" des Todes, der Opfertod für die Gemeinschaft veranschaulicht werden. Der Tod im NS-Film ist etwas Heldenhaftes - ein Ereignis, welchem jeder Nationalsozialist, sofern es die Situation erforderte, mit Freuden entgegensah. Hingabe und Opferbereitschaft bis in den Tod hinein, ob beim Hitlerjungen, Soldaten oder bei der Zivilbevölkerung, ist für die NS-Filmproduktion eine Selbstverständlichkeit. Trauer um den Toten gibt es nicht. Denn der Tote starb einen Opfertod, einen Tod für Deutschland, und damit wird dem Helden die höchste Ehre zuteil, die er erreichen kann.
In "Flüchtlinge" (Gustav Ucicky 1933) spricht der Held des Filmes Hans Albers den markigen Satz aus: "Für etwas sterben können ist doch das Beste!"[145] Mit anderen Worten: Der Tod für Deutschland gibt dem Leben erst einen Sinn. Wer nicht bereit ist, sein eigenes Leben für die Gemeinschaft zu opfern, der hat unglücklich zu sein, dessen Leben ist nicht lebenswert.

Die wohl bekannteste Auseinandersetzung mit dem Tod ist in"Morgenrot" (Gustav Ucicky 1933) vorzufinden. Die Filmhandlung spielt im I. Weltkrieg. Eine 10 köpfige U-Boot-Besatzung ist nicht mehr in der Lage aufzutauchen. Nur Tauchretter bieten noch eine Überlebenschance. Zum Schrecken der Mannschaft stellt sich heraus, daß nur 8 Tauchretter an Bord sind. Der erste Offizier und der Kommandant erklären sich freiwillig dazu bereit, auf das Rettungsgerät zu verzichten. Die Mannschaft antwortet auf diesen Vorschlag hin: "Alle oder keiner!"

---

[145] Courtade, Francis/ Cadars, Pierre, a.a.O., S. 154.

Der erste Offizier sagt daraufhin: "Ich könnte zehn Tode sterben für Deutschland, hundert!" Der Kommandant erwidert: "Zu leben verstehen wir Deutsche vielleicht schlecht, aber sterben können wir fabelhaft. Wollen auch drüben zusammenbleiben, ganze Mannschaft".[146]

In "Der Choral von Leuthen" (Carl Froelich 1933) treibt Friedrich der Große ein Bataillion mit den Worten "Kerls, wollt ihr denn ewig leben?!" an.[147]

In "Kolberg" (Veit Harlan 1945) fordert Gneisenau in der zentralen Szene zum Thema Tod Nettelbeck zur Übergabe der Stadt Kolberg an die Franzosen auf.

> "Gneisenau: Übergabe, Nettelbeck!
> Nettelbeck: Ach wie in Magdeburg, Erfurt, Stettin, Spandau. Alles ist umsonst gewesen? Das Ende - Schande?
> Gneisenau: Das ist doch keine Schande, wenn Soldaten ihre letzte Kugel verschossen haben. Auch Blücher hat kapitulieren müssen.
> Nettelbeck: Aber wir haben doch unsere letzte Kugel noch gar nicht verschossen, Herr Kommandant. Und dann - Blücher, der hat ja nicht die Stadt aufgeben müssen, in der er geboren wurde. Sie sind nicht in Kolberg geboren, Gneisenau. Sie sind nach Kolberg kommandiert. Aber wir, wir sind hier groß geworden. Wir kennen hier jeden Stein und jede Ecke, jedes Haus. Ach, wir lassen jetzt doch nicht los! Und wenn wir uns mit unseren Nägeln in unseren Boden einkrallen, an unsere Stadt, wir lassen nicht los. Nie, nee, da muß man uns die Hände einzeln abhacken oder uns erschlagen, einen nach dem anderen. Gneisenau, Sie können mir altem Mann doch die Schande nicht antun und unsere Stadt dem Napoleon preisgeben. Ich hab's ja auch unserem König versprochen. Lieber unter den Trümmern begraben als kapitulieren. Gneisenau, Gneisenau. Ich habe noch niemals vor einem Menschen gekniet. Jetzt tu ich's. Gneisenau, Kolberg darf nicht aufgegeben werden, Gneisenau!
> Gneisenau: So wollt' ich's von Ihnen hören, Nettelbeck. Jetzt können wir zusammen sterben!"[148]

---

[146] Leiser, Erwin, a.a.O., S. 25.

[147] Regel, Helmut: Die Fridericus Filme der Weimarer Republik.
In: Marquart, Axel/ Rathsack, Heinz, a.a.O., S. 132.

[148] Kurowski, Ulrich(Hrsg.): Deutsche Spielfilme 1933 - 1945. Dokumentation. München 1975, o.S.

Aus allen den oben aufgeführten Beispielen zum Thema Tod läßt sich die Schlußfolgerung ziehen, daß der Tod dem deutschen Kinozuschauer als etwas Harmloses erscheinen sollte.
Interessant ist, wie der Tod als wahres Lebensziel, als Erfüllung eines Mannes im historischen NS-Spielfilm thematisiert wird.
Dieser Weg zum Tode ist zielstrebig angelegt und läßt keine Abweichungen zu. Dieses wird besonders in den Spielfilmen mit Liebesszenen deutlich. Der Zusammenhang zwischen Liebe und Tod ist dramaturgisch gesehen folgendermaßen genormt:
Ein glückliches Paar wird dargestellt. Die Frau erweist sich plötzlich als Störfaktor, als dem Mann seine höhere Lebensaufgabe - der Einsatz für den Staat - bewußt wird. Er entscheidet sich für den Staat. Gemeinsam mit seinen anderen Kameraden fällt es der Hauptperson des Filmes nicht schwer, den Heldentod zu sterben.[149]

Wie wirksam die Propagierung des Todes als Heldentod im NS-Film gewesen ist, läßt sich an der Tatsache ablesen, daß auch noch im Jahre 1945, als sich abzeichnete, daß ein Sieg nicht mehr möglich war, dennoch freiwillige, sinnlose Opfertaten, wie sie bei den Werwölfen vorkamen, an der Tagesordnung waren.[150]

f. Die Reaktion des Publikums auf die historische NS-Spielfilmproduktion

Durch die geheimen Lageberichte des Sicherheitsdienstes sind dem Historiker ausgezeichnete Quellen

---

[149] Horak, Jan-Christopher: Liebe, Pflicht und die Erotik des Todes.
In: Marquart, Axel/ Rathsack, Heinz, a.a.O., S. 206.
Filmbeispiele: "Hans Westmar" (Franz Wenzeler 1933), "Kolberg" (Veit Harlan 1945),"Morgenrot" (Gustav Ucicky 1933).

[150] Ebenda, S. 218.

an die Hand gegeben, welche widerspiegeln, wie die NS-Filmproduktion bei der Bevölkerung ankam.[151]

Die Berichte beruhen auf Mitteilungen von Spitzeln, die Zwischenbemerkungen während der Filmvorführungen in den Kinos notierten. Für die besonders aufwendig gestalteten Spielfilme wurden von diesen Spitzeln umfangreiche sogenannte Filmsonderberichte zusammengestellt.[152]
Während der Vorführung des Veit-Harlan Films "Jud Süß" (1940) kam es zu Zwischenrufen wie "Man möchte sich die Hände waschen", "Vertreibt die Juden vom Kurfürstendamm", und "raus mit den letzten Juden aus Deutschland!"[153]

Darüber hinaus ist bekannt, daß Jugendliche nach der Filmvorführung des Films in Wien den ersten Juden, den sie sahen, auf der Straße zu Tode trampelten.[154]

Die antiparlamentarischen Szenen in dem Film "Bismarck" (Wolfgang Liebeneiner 1940) wurden von den Zuschauern folgendermaßen beurteilt: "Nur gut, daß wir heute keine derartigen Quasselbuden mehr in Deutschland haben."[155]
Daß es sich bei den SD-Berichten um quellenkritisch besonders wertvolle Dokumente handelt, wird daran deutlich, daß in ihnen mit Kritik nicht gespart wird. So heißt es in dem SD-Bericht über den Film "Der große König" (Veit Harlan 1942): "Wie mehrfach gemeldet wird, hätten Frauen den Film mit der Begründung abgelehnt, es käme darin zuviel vom Krieg vor und der Film

---

[151] Albrecht, Gerd, 1966, a.a.O., S. 46.

[152] Hollstein, Dorothea, a.a.O., S. 230.

[153] SD-Bericht vom 28.11. 1940 Nr. 145. Zitiert nach: Boberach, Heinz(Hrsg.): Meldungen aus dem Reich. Auswahl aus den geheimen Lageberichten des Sicherheitsdienstes der SS 1939 - 1944. Neuwied, Boppard 1965, S. 115.

[154] Rutherford, Ward, a.a.O., S. 122.

[155] SD-Bericht vom 27.1. 1941, Bundesarchiv Koblenz R 58/ 157, S. 8 - 10. Zitiert nach: Albrecht, Gerd, 1979, a.a.O., S. 189.

bedeute eine zu starke Nervenbelastung."[156]
Oder an anderer Stelle heißt es über den sogenannten Aufklärungsfilm "Der ewige Jude" (Fritz Hippler 1940): "Wir haben Jud Süß gesehen und haben nun genug von dem jüdischen Dreck!"[157]
Setzt man jedoch die positiven Aussagen zur NS-Filmproduktion in Relation zu den kritischen Anmerkungen, so kommt man zu dem Schluß, daß die NS-Filmproduktion und insbesondere die historischen Spielfilme beim Publikum gut angekommen sind.
Der Psychologe Melchers geht in seiner Dissertation der Frage nach, wie diese wirksame "Beeinflussungsstrategie"[158] der NS-Filme zu erklären ist. Er stellt die These auf, daß alle NS-Spielfilme eine gemeinsame Grundstruktur aufweisen und daher die"Erlebensstruktur" der NS-Spielfilme von dem Zuschauer in eine genormte Richtung gelenkt wird.[159]
Die Handlung der NS-Spielfilme verläuft keineswegs geradlinig. Die Handlung ist so angelegt, daß der Zuschauer in die Situation kommt, sich für den Protagonisten der NS-Ideologie oder dessen Antagonisten entscheiden zu müssen.[160] Dabei werden ihm verschiedene Alternativen angeboten, die ein eindeutiges Festlegen zunächst verhindern. Der Zuschauer gerät auf diese Art und Weise in eine Zwickmühle.[161]
Demnach ergibt sich strukturmäßig das Bild einer Nürnberger Schere,[162] die Melchers folgendermaßen definiert: eine Schere, "die sich weitet, um Konstruktionsmöglichkeiten von Vermittlungen Raum zu geben, dann aber die Schere der Entscheidungsforderungen wieder zumacht."

---

156 SD-Bericht vom 25.5. 1942, Bundesarchiv Koblenz R 58/ 172, S. 12 - 14. Zitiert nach: Albrecht, Gerd, 1979, a.a.O., S. 203.
157 SD-Bericht vom 20.1. 1941, Bundesarchiv Koblenz R 58/ 157, S. 7 - 9. Zitiert nach: Albrecht, Gerd, 1979, a.a.O., S. 223.
158 Melchers, Christoph Bernhard, a.a.O., S. 227.
159 Ebenda, S. 52.
160 Ebenda, S. 75, 101.
161 Ebenda, S. 101.
162 Ebenda, S. 117.

Das heißt also, daß der Zuschauer vor zwei extreme Alternativen gestellt wird. Bei seiner Bewertung entscheidet er sich für einen Mittelweg, der in der Filmhandlung angeboten wird. Dieser Mittelweg wird filmdramaturgisch so dargestellt, daß er zu keiner Befriedigung des Zuschauers führt, so daß er sich für den Weg entscheidet, der der nationalsozialistischen Auffassung und Wertvorstellung entspricht.[163]

Diese dramaturgisch festgelegte Abfolge hatte den Vorteil, daß in diesem System auch der ideologische Gegner (Jude, Bolschewist) in der Filmhandlung zu Worte kommt. Die Filmhandlung ist aber wiederum propagandistisch so angelegt, daß für den ideologischen Gegner beim Zuschauer keinerlei Sympathien, falls sie vorher vorhanden waren, übrigbleiben. An diesem Punkt setzt die Propagandatechnik der Nationalsozialisten nun an. Sämtliche Auswege bieten dem Zuschauer keine Lösungen an und führen den Zuschauer zu keinem Ziel. Dem Zuschauer erscheint schließlich nur noch der nationalsozialistische Weg als Lösungsmöglichkeit akzeptabel.

---

[163] Ebenda, S. 124, 230.
Die Wirkung der NS-Spielfilme auf das Publikum wurde von Melchers an Hand von psychologischen Tiefeninterviews aufgezeichnet, die er als Beweisgrundlage benutzt.

V. NS-Filmpropaganda am Beispiel des Spielfilms "Ohm Krüger"

Der historische Spielfilm "Ohm Krüger" (Hans Steinhoff 1941) sollte die Aktion "Seelöwe", das deutsche Invasionsunternehmen gegen Großbritannien, propagandistisch vorbereiten.[164]
Dem Film "Ohm Krüger" muß besondere Bedeutung zugemessen werden. Mit einem Produktionskostenaufwand von 5,4 Mio. RM[165] stellt sich dieser Film als der zweitteuerste Streifen der gesamten NS-Filmproduktion dar. "Ohm Krüger" ist nur noch durch den Veit-Harlan-Film "Kolberg" (1945) hinsichtlich der Produktionskosten mit über 8,5 Mio. RM übertroffen worden.[166]
Für diesen anti-englischen Spielfilm "Ohm Krüger" wurde 1941 zur Uraufführung das neue Filmprädikat "Film der Nation" geschaffen.[167]
Unzweifelhaft zeigt dieser Spielfilm die persönliche Handschrift Goebbels. Auf groteske Art und Weise spiegelt sich in dem Film eine Selbstdarstellung des NS-Regimes wider. Sämtliche Eigenschaften, die dort den Engländern zugeschrieben werden, können aus der heutigen Sicht dem NS-Regime zugeordnet werden. Der Film erweist sich somit als ein Höhepunkt in der Propagandatechnik des Zynikers Goebbels.[168]
Bevor die Szenenfolge des Films nachgezeichnet wird, sei darauf hingewiesen, daß neben dem dominierenden antibritischen Element in diesem Film zahlreiche andere Themen wie Antiparlamentarismus, Antisemitismus, Verurteilung des Pazifismus, der Führermythos, der

---

164 Hollstein, Dorothea, a.a.O., S. 132.
165 Albrecht, Gerd, 1979, a.a.O., S. 251.
166 Leiser, Erwin, a.a.O., S. 116.
167 Hollstein, Dorothea, a.a.O., S. 132.
168 Taylor, Richard, a.a.O., S. 213.

Blut- und Bodenmythos und der Antiklerikalismus behandelt werden.

Die erste Szene zeigt Ohm Krüger als alten, kranken Greis in seinem Schweizer Exil am Genfer See. Als ein zudringlicher Reporter in das Zimmer Ohm Krügers stürzt und ihn mit einem Blitzlicht fotografiert, wird zum ersten Mal das Antlitz Ohm Krügers sichtbar. Ohm Krüger bittet eine Krankenschwester, ihm aus der "Times" vorzulesen. In dem Artikel werden negative Aussagen über ihn gemacht. Nachdem die Krankenschwester den Artikel vorgelesen hat, beginnt Ohm Krüger damit, ihr die Geschichte des Burenkrieges zu erzählen. Es folgt eine Rückblende, in der sich die folgende Filmhandlung abspielt:
Cecil Rhodes taucht auf, der zusammen mit seinem Agenten Dr. Jamesson plant, die Eingeborenen gegen die Buren aufzuhetzen, um einen Vorwand zum Einfallen der Engländer in die beiden Burenrepubliken zu finden. Cecil Rhodes lockt das dort vorkommende Gold, welches er für die englische Krone sichern möchte. Die englischen Missionare sind Cecil Rhodes dabei behilflich. Sie verteilen, während sie die englische Nationalhymne singen, Bibeln und Gewehre an die Eingeborenen.
In das Haus des Burenpräsidenten Ohm Krüger wird der Gefangene Dr. Jamesson gebracht. Ohm Krüger verhört ihn und weist ihm nach, daß die Engländer für die im Lande angezettelten Unruhen verantwortlich zu machen sind. Er läßt Dr. Jamesson frei.
Der alte Burengeneral De Wett wird in das Haus Ohm Krügers eingelassen. Er beschwert sich über seine Kameraden, die ihn aufgrund seines hohen Alters nicht mehr dafür geeignet halten, seinen Beruf weiterhin auszuüben. Doch bei einem Fingerhakelwettkampf zwischen Ohm Krüger und dem alternden General erweist sich der General als Sieger, worauf Ohm Krüger ihn weiterhin als General in aktiven Diensten bestätigt.

Als nächster erscheint ein Abgeordneter des burischen Parlamentes, welcher sein Land an die Engländer verkauft hatte. Er wird von Ohm Krüger deswegen kurzerhand mit einem Fußtritt aus seinem Haus gewiesen.

Ohm Krüger teilt daraufhin seinem Staatssekretär mit, daß er den Landverkauf an England gesetzlich verbieten will.

Nach einem Jurastudium in Oxford kehrt der Sohn Ohm Krügers, Jan, mit seiner Familie in sein Elternhaus zurück.

Schon nach der ersten Begegnung zwischen Jan und seinem Vater stellt sich heraus, daß Jan während seines Auslandaufenthaltes zu einem Befürworter englischer Politik geworden ist.

In den folgenden Szenen ist Ohm Krüger damit beschäftigt, die von den Engländern aufgehetzten Eingeborenen zu beschwichtigen, was ihm dank seiner persönlichen Ausstrahlungskraft leicht gelingt.

In London berichtet der englische Kolonialminister Chaimberlain seiner Königin Victoria von den Goldfunden auf burischem Territorium.

Sie beschließt zusammen mit ihrem Kolonialminister, das Gold für England auf friedlichem Wege sicherzustellen.

Zu diesem Zweck wird Ohm Krüger von der Queen nach London eingeladen.

Ohm Krüger nimmt die Einladung an und reist nach London.

Dort kommt es schließlich zu einer Vertragsunterzeichnung.

Als Ohm Krüger wieder in seiner Heimat ist, wird er von dem burischen Parlament wegen Unterschlagung angeklagt. Ohm Krüger denkt nicht daran, sich zu rechtfertigen und bereitet seine Rücktrittserklärung vor.

Cecil Rhodes versucht, Ohm Krüger mit einem Blankoscheck zu bestechen, und als das nicht gelingt, droht er ihm mit Krieg, falls Ohm Krüger sich nicht fügen werde.

Das angeblich unterschlagene Geld aber hat Ohm Krüger für Rüstungszwecke ausgegeben.
Jan sucht seinen Vater auf und warnt ihn vor einem Krieg mit den Engländern. Ohm Krüger läßt sich jedoch von seinem Sohn nicht umstimmen und verkündet die Mobilmachung.
Jan teilt seinem Vater mit, daß er nicht an diesem Krieg teilnehmen werde.
Dem Zuschauer werden im folgenden Kampfszenen gezeigt, die zugunsten der Buren enden. Der Sieg der Buren wird mit einem Dankgottesdienst gefeiert.
Auf seiten der Engländer übernimmt nun General Kitchener das Oberkommando über das britische Heer.
Um den Krieg zu einem erfolgreichen Ende für die Engländer zu bringen, beschließt Kitchener, einen "totalen Krieg" ohne Schonung der Zivilbevölkerung zu führen.
Die Engländer beginnen mit dem Bau von Konzentrationslagern.
Die Farm Jans wird von einem englischen Trupp angegriffen. Jan heißt die Engländer als Freunde willkommen und läßt einen englischen Offizier in sein Haus eintreten. Als er sich um Getränke kümmert, versucht der englische Offizier, Jans Frau während dessen Abwesenheit zu vergewaltigen. Jan eilt jedoch rechtzeitig herbei und erschlägt den englischen Offizier.
Inzwischen hat der alte Burengeneral De Wett die übrigen Engländer vor Jans Farm gefangengenommen. Als Jan ihn sieht, meldet er sich freiwillig zum Kriegsdienst und schließt sich der De Wett-Truppe an.

Die Kriegslage wendet sich allmählich zuungunsten der Buren. Die Engländer benutzen Frauen und Kinder, die sie vor ihre eigenen Linien stellen, als Schutzschilde, wodurch die Buren gezwungen sind zu kapitulieren. In dieser verzweifelten Lage fordert Jan seinen Vater auf, eine Bittreise nach Europa anzutreten, die Ohm Krüger dann auch unternimmt.

In London ist die Queen schwer erkrankt und sieht ihrem Tode entgegen, während ihr Sohn, der Prince of Wales, sich in Paris bei der Aufführung eines Burenballetts vergnügt.
Die nächste Szene zeigt, wie die Engländer die Farm der Familie Krüger in Brand setzen und ihre Bewohner in ein Konzentrationslager bringen.
In dem Konzentrationslager werden Leichen in ein Massengrab geworfen, während die Frauen in einer langen Schlange nach Essen anstehen.
Die Verpflegung ist jedoch so schlecht, daß sie ungenießbar ist. Die Frauen beschweren sich vergeblich beim Lagerkommandanten über das Essen.
Der Schauplatz wechselt wieder von Afrika nach Europa.

Ohm Krüger spricht an den europäischen Höfen vor und bittet um Hilfe. Überall bekundet man seine Sympathie für die Buren, doch niemand erklärt sich zu konkreter Hilfe bereit.
Jan kommt zurück zu seiner Farm und sieht nur noch ein Trümmerfeld vor sich liegen. Er erfährt, daß sich seine Familie in einem Konzentrationslager befindet.

Jan macht sich zu dem englischen Konzentrationslager auf und schleicht sich an den Stacheldrahtzaun heran, der das Konzentrationslager umgibt.
Von hier aus entdeckt er seine Frau, die ihn auch sogleich erkennt. Es gelingt ihnen, sich am Zaun kurz zu unterhalten. Frau Krüger teilt ihrem Mann mit, daß ihre Kinder umgekommen sind.
Ein Wachposten entdeckt die beiden am Stacheldrahtzaun und schießt auf Jan, der bei dem Versuch zu fliehen, angeschossen und gefangengenommen wird.

Am nächsten Tag findet die Hinrichtung Jans vor den Augen seiner Frau und den anderen Inhaftierten statt.
Kurz bevor Jan gehenkt wird, spricht er einen Fluch über England aus, den auch seine Frau mitspricht.
Daraufhin wird Frau Krüger vom Lagerkommandanten erschossen.

Ein Aufstand bricht im Lager aus. Die Engländer schießen rücksichtslos die Frauen und Kinder nieder, so daß nur noch ein Leichenfeld zurückbleibt.
Die letzte Szene zeigt Ohm Krüger wieder in seinem Schweizer Exil. Dort verkündet er, daß bald ein Volk kommen werde, welches der englischen Macht und Habgier ein Ende bereiten werde.[169]

Die domminierende antibritische Tendenz des Films kommt durch die Negativzeichnung der Engländer und deren Handlungen zum Ausdruck.
Die Königin Victoria wird als eine kleine, dicke, häßliche und alte Frau dargestellt, die kaum mehr in der Lage ist, sich zu bewegen. Darüber hinaus ist sie dem Whiskey sehr zugetan. Ihre Stimme ist kratzig, quiekend. In der Sterbeszene erscheint sie dem Zuschauer nur noch als Wrack. Als sie dann schließlich gestorben ist, erweckt der Regisseur beim Zuschauer den Eindruck, ein Tier sei verendet.
Cecil Rhodes wird von dem berühmten Schauspieler Ferdinand Marian gespielt, den das Publikum bereits als großen Schuft und Intriganten durch den Spielfilm "Jud Süß" (Veit Harlan 1940) kannte. Er handelt nach der Devise "alles ist käuflich, es ist nur eine Frage des Preises".[170]
Der Sohn der Königin, der Prince of Wales - der spätere Eduard VII.-, ist eine äußerst degenerierte Person. Während seine Mutter stirbt,amüsiert er sich in einem billigen Revue-Etablissement.
Der Kolonialminister Joseph Chaimberlain wird als dekadenter Dandy dargestellt. Er hat eine Orchidee im Knopfloch und trägt einen Kneifer im Auge.
General Kitchener erscheint als brutaler Despot,

---

[169] Melchers, Christoph Bernhard, a.a.O., S. 170 - 174.
Taylor, Richard, a.a.O., S. 208 - 214.
Manvell, Roger/ Fraenkel, Heinrich, 1971, a.a.O., S. 92 - 96.

[170] Courtade, Francis/ Cadars, Pierre, a.a.O., S. 88.

der laut verkündet: "Schluß mit der Humanitätsduselei"[171] und daraufhin durch seine Soldaten die burischen Farmen zerstören läßt und Frauen und Kinder in Konzentrationslager interniert.
Der Lagerkommandant ist ein mitleidsloser, widerlicher Mensch, der seinen Häftlingen ungenießbares Essen anbietet, während er gleichzeitig zusammen mit seinem Schoßhündchen feinste Roastbeefscheiben verzehrt.
Bemerkenswert ist, daß der Darsteller des Lagerkommandanten Churchill sehr ähnlich sieht.[171]
Richards sieht in dem Film folgende Gegensatzpaare herausgearbeitet, die dem Zuschauer die Verdammungswürdigkeit der Engländer vor Augen führen sollen.

"good	evil
the Bours	the British
land	gold
settlement	conquest
freedom	empire
honesty	duplicity
the people	military force"[172]

Zwei vollkommen gegensätzliche Welten werden hier dargestellt.

> "Auf der einen Seite die Welt des germanischen Bauerntums, offen, ehrlich, arbeitsam und lebensmutig, auf der anderen die Welt des raffenden Händlers, der seine ganze Klugheit und Willenskraft daransetzt, Nutznießer der Schätze der Erde zu sein, auch auf die Gefahr hin, ehrwürdige völkische Ordnung zu zerstören und aufzulösen."[173]

Auswege und Kompromißmöglichkeiten mit den Engländern sind nicht möglich, da die Engländer in bezug auf ihre Charakteranlagen einfach schlecht sind. Dieses wird im Film durch folgende Zitate unterstrichen:

Ohm Krüger: "Mit den Engländern kann man sich

---

[171] Richards, Jeffrey, a.a.O., S. 351.
[172] Ebenda, S. 351.
[173] aus NSMH 135 (1941), o.S. Zitiert nach: Kurowski, Ulrich, 1975, a.a.O., o.S.

nicht verständigen."
Königin Victoria: "An dem Tag,an dem die Völker aufhören , sich zu hassen, ist England verloren."[174]
Königin Victoria: "Nur wir Engländer sind in der Lage, die Mühen des Reichtums zu tragen, ohne gottlos zu werden."[175]

Den oben beschriebenen,lächerlichen englischen Menschen wird der Genius Ohm Krüger als Führergestalt gegenübergestellt. Ohm Krüger zeichnet sich durch eine einfache Lebensweise und durch seine Volksverbundenheit aus. Er wird mit seinen Enkelkindern auf dem Arm dargestellt, und er ist sich auch nicht dafür zu schade, mit dem alten General De Wett einen Fingerhakelwettkampf in seiner Wohnung durchzuführen.
Von der Kameraperspektive her gesehen wird er oft aus der Untersicht aufgenommen, um die Macht und Ausstrahlungskraft des großen Führers besser zur Geltung zu bringen. Seine Entscheidungen und Ansichten stellen sich im Verlauf der Filmhandlung als richtig heraus. Dieses wird besonders in der Szene deutlich, in der Jan Krüger den englischen Offizier erschlägt, der seine Frau vergewaltigen wollte. Diese Szene ist für die Filmhandlung besonders wichtig, weil sie propagandistisch gesehen gleich mehrere Funktionen erfüllt.
Erstens wird der Vertreter des Pazifismus Jan Krüger durch diese Schlüsselszene eines Besseren belehrt. Als der General De Wett in das Zimmer stürzt und dort den englischen Offizier auf dem Boden liegen sieht, spricht er die Worte aus: "Also doch ein Krüger".[176] Gleichzeitig wird dem Zuschauer aber auch bewußt, daß die Führerfigur Ohm Krüger mit seiner Beurteilung der Engländer doch recht behalten hatte.

---

174 Leiser, Erwin, a.a.O., S. 93.

175 Furhammar, Leif/ Isaksson, Folke: Politics and Film. London 1971, S. 122.

176 Regel, Helmut: Zur Topographie des NS-Films. In: Filmkritik 1 (1966), S. 15.

An dieser Filmszene läßt sich auch sehr gut die Melchers-These über die gemeinsame Struktur der NS-Spielfilme demonstrieren. Dem Zuschauer werden zwei Möglichkeiten, zwei Extreme, angeboten. Auf der einen Seite die antibritische Haltung Ohm Krügers, auf der anderen Seite die pazifistische, probritische Haltung Jan Krügers. Die Filmhandlung verdeutlicht, daß der Weg Jans in eine ausweglose Situation führt, aus der man nur durch die Wahrnehmung der anderen extremen Möglichkeit herausgelangen kann. Dadurch wird dem Zuschauer eine antibritische Haltung suggeriert.

Antiparlamentarische, antisemitische, antiklerikale und antifranzösische Elemente tauchen in diesem Film nur am Rande auf. Sie kommen jeweils nur in einer kurzen Szene vor.

Eine antiparlamentarische Haltung wird deutlich, als Ohm Krüger es ablehnt, sich vor dem Parlament wegen der ihm vorgeworfenen unterschlagenen Gelder zu rechtfertigen. Das Parlament wird als entscheidungshemmende"Quasselbude" dargestellt.

Antisemitismus kommt in der Szene zum Ausdruck, in der der unverschämte jüdische Reporter am Anfang des Films sich durch Bestechung Zugang in das Zimmer Ohm Krügers verschafft und von ihm ein Blitzlichtfoto schießt, obwohl Ohm Krüger sehr augenkrank ist. Beim Zuschauer bleibt das Bild des sensationsgierigen, gefühllosen Reporters zurück. Ansonsten taucht in der Filmhandlung kein weiterer Jude auf.

Antifranzösisch wird es bei der Darstellung des Burenballetts in Paris. Leicht bekleidete Mädchen mit Holzgewehren imitieren tänzerisch auf lächerliche Art und Weise den Burenkrieg auf der Bühne. Die Szene erinnert sehr stark an die Darstellungen der dekadenten Weimarer Republik in anderen NS-Spielfilmen. Nur in diesem Falle wird die Dekadenz auf Frankreich übertragen.

Auch die Blut- und Bodenromantik wird in diesem Film nicht ausgeschlossen. Während der Audienzstunde, die im Hause Ohm Krügers stattfindet, verurteilt Ohm Krüger den Parlamentsabgeordneten, der sein Land an die Engländer verkauft hatte, mit den Worten: "Man darf nicht das Land verlassen, welches man von seinen Vorvätern geerbt hat."[177]
An dieser Stelle werden auch Parallelen zu"Kolberg" (Veit Harlan 1945) sichtbar, indem ebenfalls die Verbundenheit des "germanischen Bauern"mit seiner Scholle betont wird.
Das antiklerikale Element kommt in einer sehr überzeichneten Szene zum Ausdruck. Es ist die Stelle, wo englische Missionare unter den Klängen der britischen Nationalhymne mit der einen Hand an die Eingeborenen in Afrika Bibeln verteilen und mit der anderen Gewehre ausgeben. Die Gesichter der englischen Missionare sind äußerst verzerrt und unsympathisch dargestellt. Diese Szene hat nachweislich beim Publikum keine überzeugende Wirkung hinterlassen. Im SD-Bericht zur Aufnahme des Films "Ohm Krüger" heißt es:

> "Zunächst werden einzelne Szenen als teilweise zu dick aufgetragen oder zu abstoßend bezeichnet, so zum Beispiel die Verteilung von Gewehren und Gebetbüchern durch englische Missionare. Es bestehe die Gefahr, daß durch solche propagandistische Übertreibungen die Glaubwürdigkeit der historischen Filmhandlung abgeschwächt werde."[178]

Insgesamt gesehen ist dem SD-Bericht zufolge jedoch der Film "Ohm Krüger" sehr gut beim Publikum angekommen. Nach Goebbels Vorstellung sollte "Ohm Krüger" als Höchstleistung in die deutsche Filmgeschichte eingehen, gewissermaßen den Rang eines "nationalsozialistischen

---

[177] Taylor, Richard, a.a.O., S. 210.

[178] SD-Bericht vom 12. 5. 1941, Bundesarchiv Koblenz R 58/160, S. 13 - 15. Zitiert nach: Albrecht, Gerd, 1979, a.a.O., S. 196.

Potemkins" erreichen[179] ("Panzerkreuzer Potemkin", Sergej Eisenstein 1925).
Diese Absicht wird durch die Tatsache unterstrichen, daß die Szene, in der die Frauen gegen die schlechte Verpflegung im Konzentrationslager protestieren, die Kopie einer Szene aus dem sowjetischen Revolutionsfilm "Panzerkreuzer Potemkin" ist.
In diesem Film stellt der Schiffsarzt fest, daß das der Mannschaft angebotene Fleisch gut ist. Genauso wie in "Ohm Krüger" folgt auf diese Szene ein Aufstand, in diesem Fall meutert die Schiffsbesatzung des Panzerkreuzers. Sowohl der Lagerarzt in "Ohm Krüger" als auch der Schiffsarzt in "Panzerkreuzer Potemkin" tragen einen Kneifer im Auge. Man hat also auch Details aus dem Eisenstein-Film übernommen.[180]
In der Schlußszene des Films "Ohm Krüger" zeigt sich die von Regel herausgearbeitete Benutzung der Geschichte als "Präfiguration" im NS-Film.
Mit tiefer prophezeiender Stimme spricht Ohm Krüger, schon vom Tode gezeichnet, die Worte aus:

> "Große und mächtige Völker werden gegen die englische Tyrannei aufstehen, dann ist der Weg frei für eine bessere Welt."181

Den Gedankenschluß zu ziehen, welches Volk gemeint sei, welches den großen Vernichtungsschlag gegen England ausführt, fiel dem deutschen Kinozuschauer sicherlich nicht schwer.
Dieser Analogieschluß wurde auch in der NS-Presse gezogen. In einem der "Nationalsozialistischen

---

[179] Courtade, Francis/ Cadars, Pierre, a.a.O., S. 87. Richter, Hans: Der politische Film. In: Witte, Karsten(Hrsg.): Theorie des Kinos. Frankfurt a.M. [3]1982, S. 66. (Erstmalig erschienen in: Deutsche Blätter 1 (1944), S. 21 - 24 und 2 (1944), S. 17 - 20. Merker, Reinhard: Die bildenen Künste im Nationalsozialismus. Kulturideologie, Kulturpolitik, Kulturproduktion. Köln 1983, S. 96.

[180] Leiser, Erwin, a.a.O., S. 92.

[181] Ebenda, S. 93.

Monatshefte" heißt es:

> "So wie der Burenpräsident Ohm Krüger keine Möglichkeit des Kompromisses mehr sah, sondern nur das Entweder-Oder als letzte Entscheidung in diesem Kampf empfand, so sehen wir heute im Kampf gegen das Britentum keine Möglichkeit des Ausgleichs mehr. Das Blutopfer der Buren am Anfang dieses Jahrhunderts ist heute hundertfältig aufgegangen im Kampf des deutschen Volkes gegen den britischen Weltfeind."182

Um die vorliegende Analyse des Spielfilms "Ohm Krüger" zu vertiefen, ist es notwendig, den bisher außer acht gelassenen visuellen Teil des Mediums Film miteinzubeziehen. Denn erst die Symbiose zwischen Bild und Ton eines Films - das Zusammenspiel zwischen der visuellen und verbalen Seite des Films als filmtechnisches Ausdrucksmittel - offenbart vollständig die beabsichtigte propagandistische Wirkung.

Zur Darstellung des visuellen Teils habe ich die schon oben erwähnte Parlamentsszene (Seite 59) unter vier verschiedenen Kriterien analysiert.

- Kameraperspektive S. 63/64
- Einstellungsgröße S. 65/66
- Kamerabewegung S. 67/68
- Bildschnittfolge S. 69/70

Diese vier kameratechnischen Kriterien werden dann im folgenden mit dem Sprechtext der Parlamentsszene (Seite 71 - 73) zueinander in Beziehung gesetzt.

---

182 aus NSMH 135 (1941), o.S. Zitiert nach: Kurowski, Ulrich, 1975, a.a.O., o.S.

Kriterium - Kameraperspektive:

US = Untersicht

NS = Normalsicht

AS = Aufsicht

Nummer	Kameraperspektive	Δt [sec]	t [sec]
1	NS	40,3	40,3
2	US	9,2	49,5
3	NS	57,6	107,1
4	US	4,6	111,7
5	AS	3,4	115,1
6	NS	29,7	144,8
7	US	11,7	156,5
8	NS	30,6	187,1

Kriterium - KAMERAPERSPEKTIVE

US – Untersicht
NS – Normalsicht
AS – Aufsicht

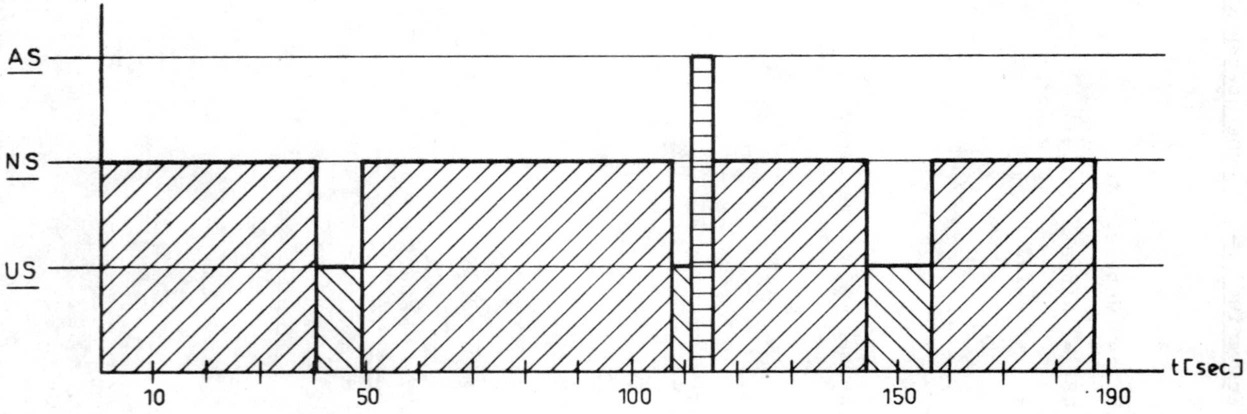

Kriterium - Einstellungsgröße:

Abkürzungen:
T ≙ Totale (Mensch und Umgebung)
N = Nahaufnahme (Kopf bis Brust)
G = Großaufnahme (Kopf bis Hals - kommt nicht vor)

Nummer	Einstellungsgröße	Δt [sec]	t [sec]
1	T	40,3	40,3
2	N	3,7	44,0
3	T	9,6	53,6
4	N	13,8	67,4
5	T	15,4	82,8
6	N	14,8	97,6
7	T	7,4	105,0
8	N	4,6	109,6
9	T	30,2	139,8
10	N	10,8	150,6
11	T	31,7	182,3
12	N	4,8	187,1

Kriterium - EINSTELLUNGSGRÖSSE

T – Totale (Mensch und Umgebung)
N – Nahaufnahme (Kopf bis Brust)
G – Großaufnahme (Kopf bis Hals – kommt nicht vor)

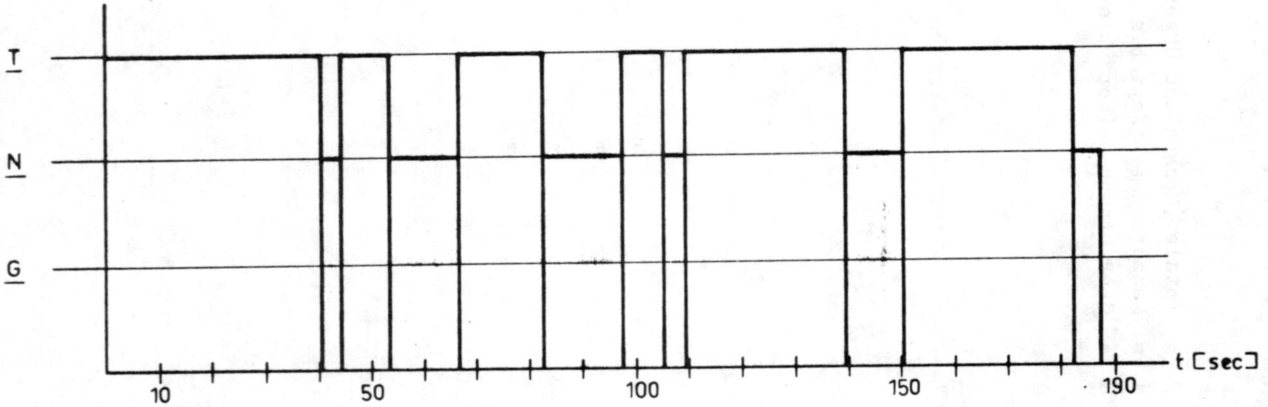

Kriterium - Kamerabewegung:

Abkürzungen:
SL = Schwenk nach links
SR = Schwenk nach rechts
FH = Fahrt zum Objekt hin
FW = Fahrt vom Objekt weg
OB = Ohne Bewegung

Nummer	Kamerabewegung	Δt [sec]	t [sec]
1	SL	8,3	8,3
2	SR	5,6	13,9
3	OB	14,4	28,3
4	SR	6,8	35,1
5	OB	6,8	41,9
6	FH	7,4	49,3
7	OB	15,8	65,1
8	SL	1,4	66,5
9	OB	41,3	107,8
10	FW	2,3	110,1
11	OB	23,7	133,8
12	FH	7,1	140,9
13	OB	7,3	148,2
14	SR	1,1	149,3
15	OB	3,8	153,1
16	SR	10,1	163,2
17	OB	12,8	176,0
18	SL	1,0	177,0
19	OB	3,2	180,2
20	FH	3,6	183,8
21	OB	3,3	187,1

Kriterium - KAMERABEWEGUNG

SL – Schwenk nach links
SR – –"– –"– rechts
FH – Fahrt zum Objekt hin
FW – –"– vom –"– weg

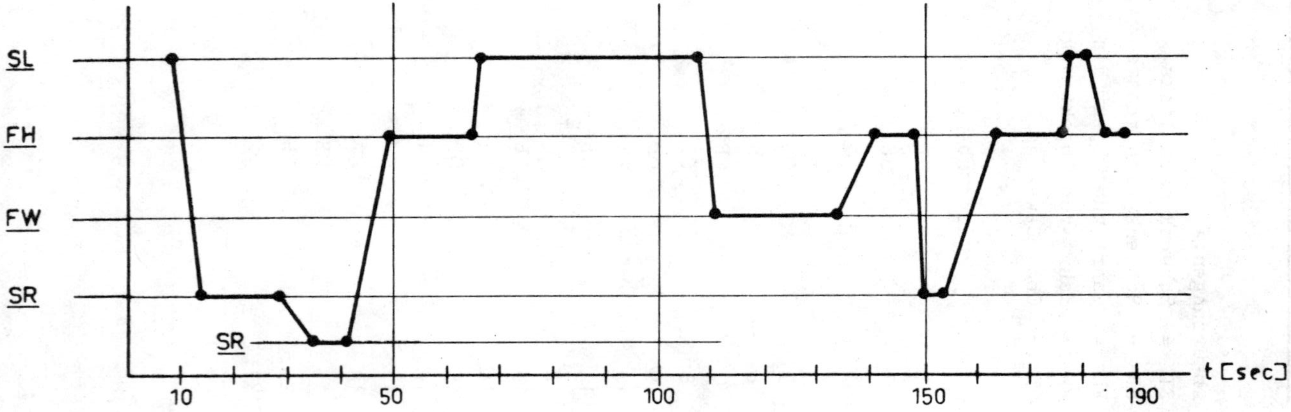

Kriterium - Bildschnittfolge (zeitlich bezogen):

Nummer	Δt [sec]	t [sec]
1	25,2	25,2
2	16,6	41,8
3	3,2	45,0
4	30,3	75,3
5	14,9	90,2
6	3,4	93,6
7	5,3	98,9
8	6,5	105,4
9	3,2	108,6
10	9,9	118,5
11	36,1	154,6
12	32,5	187,1

Kriterium - BILDSCHNITTFOLGEN

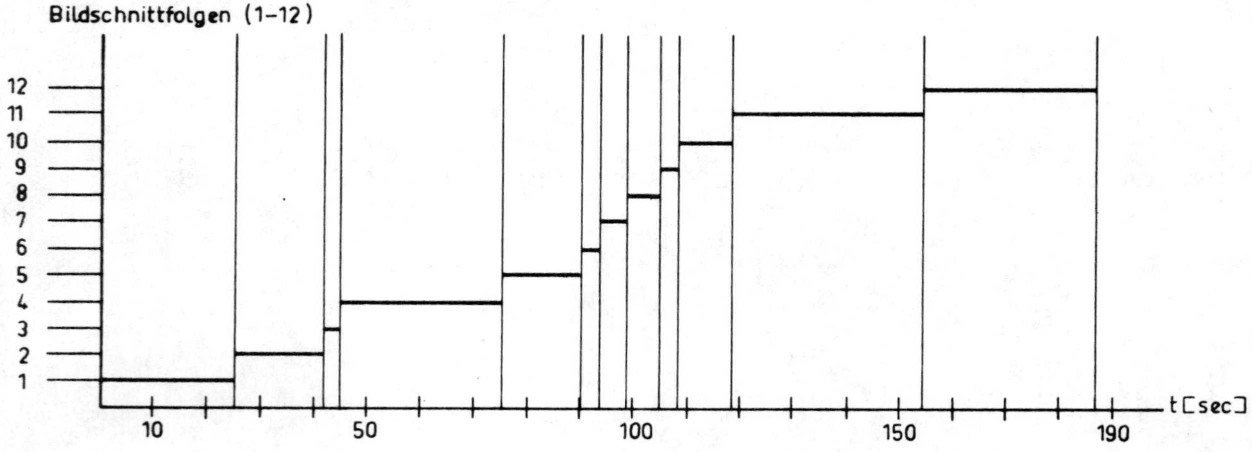

Kriterium - - Bildschnittfolge (auf den Sprechtext bezogen):

Nummer	Sprechtext
1	Abgeordneter Kok: 2 Millionen Pfund sind nicht nachzuweisen! 2 Millionen Volksvermögen sind verschwunden! Was tut die Regierung? Sie schweigt. Wo ist denn das Geld geblieben? Wir verlangen Aufklärung! Geschrei - Glocke des Volksratsvorsitzenden ertönt. Volksratsvorsitzender: Bürger! Schließt doch wenigstens die Fenster! Das Volk von Pretoria braucht nicht zu wissen, wie es bei uns im Volksrat zugeht.
2	Abgeordneter Kok: Das Volk von Pretoria soll es wissen, soll wissen, daß es ausgebeutet und betrogen wird. Hineinsehen, hineinsehen, jawohl. Ich fordere, Ohm Krüger soll reden.
3	Geschrei - Jawohl-Rufe. Glocke ertönt.
4	Abgeordneter Kok: Ich erhalte auf meine Frage keine Antwort. Wie kann jemand beweisen, daß das hier mit rechten Dingen zugegangen ist? Es sind angeblich große Summen ausgegeben worden für Regierungsbauten in der Stadt Pretoria. Ich frage, wo stehen denn diese Bauten? Ich frage den Präsidenten als den Verantwortlichen, und ich werde nicht aufhören, ihn zu fragen, bis uns Paul Krüger sagt, wohin das Geld gewandert ist.

Nummer Sprechtext

Greiser Abgeordneter:
Ohm Paul! Jetzt mußt du aber antworten!

5 Stille.
Regierungssprecher:
Die Regierung muß es ablehnen, Herrn Kok Auskunft zu geben, da eine solche Erklärung nicht zweckdienlich wäre. Ich beantrage, zum nächsten Punkt der Tagesordnung überzugehen.

6 Abgeordneter Kok:
Nein, nein, so lassen wir uns nicht abspeisen. Wozu sind wir denn überhaupt noch da? Wollt ihr euch das gefallen lassen? Zum letzten Mal - was ist mit dem Geld geschehen?

7 Regierungssprecher:
Paul, du mußt jetzt reden!
Stille.

8 Abgeordneter Kok:
Gut, wenn Krüger sich weigert, dann will ich euch sagen, wo das Geld geblieben ist. Es ist gestohlen worden.

9 Zwischenrufe:
Diebstahl! Warum redet denn Ohm Krüger nicht?

10 Abgeordneter Kok:
Der Präsident soll uns doch mal sagen, wieviel er auf seinem Bankkonto hat. Es stinkt hier was!
Stille.

11 Ohm Krüger:
Jawohl, hier stinkt es. Nach dem Gelde von Cecil Rhodes stinkt es. Und nach dem

Nummer	Sprechtext
	Dreckpfuhl Johannesburg. Jawohl Kok, du bist gemeint. Man sollte dich wegen Hochverrats aufhängen lassen. Aber ich bin nicht dazu da, diesen Schweinestall auszumisten, ich verzichte, ich habe es satt, Schluß, aus! Seht zu, wie ihr ohne mich fertig werdet.
12	Abgeordneter Kok: Krüger ist davongelaufen. Wo sind denn die 2 Millionen? Zwischenrufe: Ja, wo sind sie? Geschrei. Abgeordneter: Schämt ihr euch nicht? Habt ihr vergessen, was Paul Krüger für uns getan hat? Tag und Nacht hat er gearbeitet für unser Vaterland. Ja, wir hätten nicht einmal das Vaterland ohne ihn. Und diesen Mann wagt ihr zu beschuldigen! Abgeordneter Kok: Wieviel Schweigegeld habt ihr denn bekommen? Abgeordneter: Das will ich dir genau sagen! Glocke ertönt. Die Sitzung ist geschlossen! Geschrei, Gebrüll.

Die vorliegenden vier Graphiken sind folgendermaßen zu interpretieren:
Zugrunde liegen allen Graphiken auf der Abszisse die Einteilung nach Sekunden (von 0 - 187,1 Sekunden). Dieser Zeitabschnitt entspricht genau der Länge der Parlamentsszene. Auf der Ordinate erfolgt die Einteilung nach der jeweiligen Art der Führung und Einstellung der Kamera. Gelesen werden sollen die Graphiken durch eine parallele Betrachtungsweise. Am günstigsten ist es, wenn die Graphiken untereinander gereiht abgelegt werden und links von den dazugehörigen tabellarisch aufgeführten Werten umrahmt werden. Rechts neben den Graphiken sollte der Sprechtext angeordnet werden, so daß mit einem Blick sämtliche Daten erfaßbar sind und von dem Betrachter mit dem Sprechtext zusammen zueinander in Beziehung gesetzt werden können, um auf diese Art und Weise die Parlamentsszene rekonstruieren zu können.
Auffallend bei einer vergleichenden, ersten, groben Betrachtungsweise der vier Graphiken - außer bei dem Kriterium der Kamerabewegung - sind die sich länger hinziehenden Großflächen jeweils am Anfang und am Ende der Skalen (von 0 - ca. 40 Sekunden und von ca. 110 - 187,1 Sekunden). Der Mittelteil (ca. 40 - 110 Sekunden) erscheint dem Betrachter als wesentlich lebhafter. Bei dem Kriterium der Kamerabewegung liegt der oben erwähnte Sachverhalt genau gegenteilig vor: eine stärkere Bewegung der Kurve am Anfang und Ende, während im Mittelteil eine starke Beruhigung ablesbar ist.
Wie läßt sich dieser Sachverhalt erklären?
Am Anfang und am Ende der Parlamentsszene arbeitet der Kameramann bis auf eine kurzfristige Ausnahme (von 144,8 - 156,5 Sekunden) mit der Normalsicht, einer Form der Kameraperspektive, die keine besondere Akzentuierung setzt. Parallel dazu verwendet er nur die Totale und Nahaufnahme als Einstellungsgröße und erzielt damit den gleichen langatmigen Effekt wie

bei der Entscheidung für die Normalsicht. Die Bildschnittfolge ist am Anfang und Ende der Szene weit ausgedehnt. Wieder wird dieser Effekt der Eintönigkeit erzielt. Dagegen fällt die Kamerabewegung, wie oben schon erwähnt, vollkommen aus der Rolle.
Auf der einen Seite liegt also der Effekt der Eintönigkeit vor, während auf der anderen Seite eine schnelle Abfolge von Kameraschwenkbewegungen Leben in das Bild bringt.
Welche Auswirkung hat der Einsatz eines filmtechnischen Antagonismus dieser Art?
Zweifellos wird die Kamerabewegung konzentriert überbetont, indem sie sich bewußt von der eintönigen Wirkung der anderen filmbildnerischen Gestaltungsmittel absetzt. Der Eindruck, der sich bei dem Zuschauer einprägt, ist die Gleichsetzung des Parlaments mit einem Ort des Chaos. Denn er sieht sowohl am Anfang als auch am Ende der Parlamentsszene Abgeordnete im Parlament umherlaufen und umherspringen wie in einer "Hammelherde", begleitet von einer extrem starken Kamerabewegung und vertont mit Geschrei und Glockenschlagen, eine propagandistisch sehr effektvolle Methode, um eine ablehnende Haltung zum Parlamentarismus bei dem Zuschauer zu erzeugen.
Der Mittelteil der Kurven hebt sich deutlich von dem Anfangs- und Endteil ab. Die Bildschnittfolge ist im Bereich zwischen 41,8 und 118,5 Sekunden besonders zahlreich mit 8 Schnitten vertreten. Die Kameraperspektive wechselt zwischen 49,5 und 144,8 Sekunden insgesamt 5 Mal, die Einstellungsgröße zwischen 53,6 und 150,6 Sekunden 8 Mal. Die Kamerabewegung ist dagegen im Mittelbereich auffallend ruhig. Der Zuschauer registriert zwischen49,3 und 149,3 Sekunden 8 Schwenkbewegungen. In dem kürzeren Zeitraum zwischen 0 und 49,3 Sekunden (Anfang der Parlamentsszene) und 149,3 - 187,1 Sekunden (Ende der Parlamentsszene) liegen allein schon 12 Schwenkbewegungen vor.

Daraus läßt sich folgern, daß der Kameramann wieder mit demselben Mittel wie am Anfang und Ende der Parlamentsszene gearbeitet hat - nur eben in umgekehrter Form. Einer bewegten Änderung der Kameraperspektive, Einstellungsgröße und Bildschnittfolge steht eine ruhige Kamerabewegung gegenüber. Die Rezeption des Zuschauers dürfte in bezug auf den Mittelteil folgendermaßen aussehen:
Er nimmt die Dialogform zwischen den Rednern in schnell ablaufender Reihenfolge wahr. Eine Kette von Anschuldigungen wird dabei gegen Ohm Krüger erhoben. Der Zuschauer fühlt sich erregt. Doch als Ausgleich erfolgt die langsame Kamerabewegung, die so ruhig ist, daß sie zu einer Überbetonung tendiert und damit den Mittelteil durch eine fade Eintönigkeit charakterisiert. Bei dem Zuschauer dominiert der Eindruck vom eintönigen Parlamentsalltag. Er folgert schließlich aufgrund des Zusammenspiels dieser Kameraführung mit dem Sprechtext, daß das Parlament von seinem Wesen her eher einer "Quasselbude" gleicht, als einem Ort der politischen Auseinandersetzung.
Ein weiteres interessantes Phänomen der Kameraführung ist die Darstellung der Person Ohm Krügers innerhalb der Parlamentsszene. Insgesamt tritt er in 2 Sequenzen auf. Zum ersten Mal kurzfristig in der Bildschnittfolge Nr. 5 von 75,3 - 90,2 Sekunden zusammen mit dem Regierungssprecher und ein zweites Mal in der Bildschnittfolge Nr. 11 von 118,5 - 154,6 Sekunden. Das entspricht einer Auftrittszeit ohne Unterbrechung von 36,1 Sekunden innerhalb der Bildschnittfolge Nr. 11, die damit die ausgedehnteste Bildschnittfolge der gesamten Parlamentsszene ist, womit die Bedeutung Ohm Krügers auch formal schon herausgestellt wird. Vergleicht der Betrachter nun den Zeitraum der Bildschnittfolge Nr. 11 mit der Kurve der Kamerabewegung, so stellt er fest, daß 5 Kamerabewegungen innerhalb der Bildschnittfolge Nr. 11 stattfinden. Die Überleitung zwischen der Bildschnittfolge Nr. 10 und Nr. 11 erfolgt

durch eine Kamerafahrt vom Objekt weg. In diesem Fall ist das Objekt der Abgeordnete Kok. Ohm Krüger erscheint nun im Bild bei 118,5 Sekunden (Anfangszeitpunkt der Bildschnittfolge Nr. 11). Die Kamera bewegt sich weiterhin vom Objekt weg. Jetzt ist das Objekt Ohm Krüger. Anschließend bewegt sich die Kamera auf Ohm Krüger zu und verweilt im Zeitraum von 140,9 - 148,2 Sekunden nur auf der Person Ohm Krügers, der, wie mit Hilfe der Graphik über die Einstellungsgröße in einer Nahaufnahme (139,8 - 150,6 Sekunden) erkannt werden kann, aus der Untersicht (Graphik Kameraperspektive, 144,8 - 156,5 Sekunden) im Bild erscheint. Hier treten die drei klassischen Betonungsmöglichkeiten der Kameraführung deutlich hervor. Durch die Darstellung Ohm Krügers in diesem Bereich mittels einer Nahaufnahme, die durch eine Kamerafahrt zum Objekt hin erzielt wird und dann zusätzlich aus der Untersicht filmt, wird die Person Ohm Krügers deutlich aus dem Handlungsablauf als Führerfigur hervorgehoben. Seine Ausstrahlung wird durch die große schauspielerische Leistung Emil Jannings' noch weiter verstärkt und dürfte sich bei dem Zuschauer fest einprägen.

Vom Sprachlichen her wird die Autorität der Führerfigur folgendermaßen aufgebaut:

Ohm Krüger wird ständig dazu aufgefordert, zu den geäußerten Anschuldigungen Stellung zu nehmen.

> "Wir verlangen Aufklärung! (Bildschnittfolge Nr. 1). Ich fordere, Ohm Krüger soll reden (Bildschnittfolge Nr. 2). Ich erhalte auf meine Frage keine Antwort. Ich frage den Präsidenten als den Verantwortlichen. Jetzt mußt du aber antworten! (Bildschnittfolge Nr. 4). Paul, du mußt jetzt reden! (Bildschnittfolge Nr. 7). Der Präsident soll uns doch mal sagen...(Bildschnittfolge Nr. 10)."

Die Reaktion Ohm Krügers ist zunächst schweigende Verachtung. Diese wird besonders deutlich an dem Gesichtsausdruck Ohm Krügers zu Beginn der Bildschnittfolge Nr. 5, der die geringschätzige, respektlose Haltung des Burenpräsidenten gegenüber dem Parlament

verrät. Ohm Krüger hält es auch weiterhin nicht für notwendig, auf die vorgetragenen Anschuldigungen zu reagieren. Erst in der Bildschnittfolge Nr. 11 antwortet er. Dabei setzt er das Parlament mit einem "Schweinestall" gleich und verabschiedet sich mit den Worten "Schluß, aus!" Dieser dramaturgische Ablauf ist typisch für die Thematisierung des Antiparlamentarismus im historischen NS-Spielfilm und ist auf die gleiche Art und Weise in den Parlamentsszenen der beiden Bismarck-Filme, "Bismarck" (Wolfgang Liebeneiner 1940) und "Die Entlassung" (Wolfgang Liebeneiner 1942), in "Carl Peters" (Herbert Selpin 1941) und in "Robert Koch" (Hans Steinhoff 1939) wiederzufinden.
In allen Fällen wird der Zuschauer durch die Dramaturgie so gelenkt, daß er sich der antiparlamentarischen Haltung der Identifikationsfigur anschließt und damit den Absichten der NS-Ideologie folgt.

Als Fazit der Analyse kann festgehalten werden, daß durch einen gezielten Einsatz der Kameraführung die Manipulation des Zuschauers im Zusammenspiel mit der Filmsprache (Sprechtext) wesentlich verstärkt werden kann. Daher sollte jede wissenschaftliche Arbeit, die sich mit dem Thema Spielfilm als Propagandamittel beschäftigt, die visuelle Seite des Mediums Film in die Interpretation miteinbeziehen.
Eine Nichtbeachtung, wie sie im größten Teil der Fachliteratur vorkommt, erscheint mir unverständlich.

VI. Schlußbemerkung

Das Ergebnis der Arbeit zeigt, daß die Geschichte ein hervorragendes Mittel für die Nationalsozialisten darstellte, um die Masse der Zuschauer durch den historischen Spielfilm propagandistisch zu beeinflussen.
Durch den historischen NS-Spielfilm ist dem Historiker eine ergänzende Quelle an die Hand gegeben, bei deren Analyse wertvolle Informationen zur Geschichte des Nationalsozialismus gewonnen werden können.
Diese Informationen lassen sich folgendermaßen schlagwortartig auflisten:

- Das Geschichtsbild des Nationalsozialismus
- Wertvorstellungen des Nationalsozialismus
- Propagandatechnik
- Spielfilm als Legitimierungsgrundlage ("Präfigurationsverfahren")
- Selbstdarstellung und Selbstentlarvung des Regimes ("Ohm Krüger")

Das aktuellste Beispiel für die Einbeziehung des Spielfilms als Quelle einer historischen Darstellung ist der neue Erwin-Leiser-Film "Vor 50 Jahren war alles dabei" (ZDF 1983), der anläßlich des 50. Jahrestages der Machtergreifung Hitlers zum 30. Januar 1983 produziert worden ist.
In diesem Film mit dem Untertitel "Tragikomische Dokumentation um den Zeitgeist" stellt Erwin Leiser Wochenschau-Dokumentarfilmaufnahmen mit Spielfilmausschnitten aus der Zeit des Dritten Reiches und der Weimarer Republik zusammen. Daneben wird auch ein Interview mit dem Filmregisseur Fritz Lang eingeschoben.

Diese Konstellation von Dokumentarfilmaufnahmen, Interview und Spielfilm, die gleichberechtigt als historische Dokumente gegenübergestellt und von Leiser kommentiert werden, geben dem Zuschauer einen hervorragenden Einblick in die zu rekonstruierende Zeit.

Es bleibt zu hoffen, daß die Geschichtswissenschaft den Spielfilm als ergänzende Quelle des Historikers in stärkerem Maße als bisher für Forschungszwecke heranzieht und auf interdisziplinärer Ebene - in Zusammenarbeit mit Psychologen, Filmwissenschaftlern, Germanisten, Soziologen und Politologen - versucht, eine systematische Spielfilm-Quellentheorie mit einem umfassenden Interpretationsschema für den Historiker zu entwickeln.

VII. Anhang

a. Literaturangaben

Albrecht, Gerd: Korrektur zum Nazifilm.
In: Film 4 (1963), S. 46 - 47.

Albrecht, Gerd.: Filmpolitik im Dritten Reich.
In: Dammeyer, Manfred(Hrsg.): Der Spielfilm im Dritten Reich. Oberhausen 1966, S. 38 - 50.

Albrecht, Gerd: Nationalsozialistische Filmpolitik. Eine soziologische Untersuchung über die Spielfilme des Dritten Reiches. Stuttgart 1969.

Albrecht, Gerd: Film im Dritten Reich. Ettlingen 1979.

Aretin, Karl Otmar von: Der Film als zeitgeschichtliche Quelle.
In: Politische Studien 96 (1958), S. 254 - 265.

Bächlin, Peter: Film als Ware. Frankfurt a.M. 1975. Diss. 1947.

Bandmann, Christa/Hembus, Joe: Klassiker des deutschen Tonfilms. 1930 - 1960. München 1980.

Barkhausen, Hans: Filmpropaganda für Deutschland im Ersten und Zweiten Weltkrieg. Hildesheim 1982.

Bauer, Alfred: Deutscher Spielfilmalmanach. 1929 - 1950. Berlin 1950.

Bawden, L.A.: Film and the Historian.
In: University Vision 2 (1968), S. 32 - 36.

Becker, Wolfgang: Film und Herrschaft. Berlin 1973. Diss.

Belach, Helga(Hrsg.): Wir tanzen um die Welt. Deutsche Revuefilme 1933 - 1945. München, Wien 1979.

Benjamin, Walter: Die Kunst im Zeitalter seiner technischen Reproduzierbarkeit. Frankfurt a.M. 1981.

Berghoff, Gerd: Die Spielfilmproduktion 1933 - 1945. In: Dammeyer, Manfred(Hrsg.): Der Spielfilm im Dritten Reich. Oberhausen 1966, S. 32 - 37.

Boberach, Heinz(Hrsg.): Meldungen aus dem Reich. Auswahl aus den geheimen Lageberichten des Sicherheitsdienstes der SS 1939 - 1944. Neuwied, Berlin 1965.

Boelcke, Willi A.(Hrsg.): Kriegspropaganda 1939 - 1941. Geheime Ministerkonferenzen im Reichspropagandaministerium. Stuttgart 1966.

Bramsted, Ernst K.: Goebbels und die nationalsozialistische Propaganda 1925 - 1945. Frankfurt a.M. 1971.

Bredow, Wilfried von/Zurek, Rolf(Hrsg.): Film und Gesellschaft in Deutschland. Dokumente und Materialien. Hamburg 1975.

Bucher, Peter: Die Bedeutung des Films als historische Quelle "Der ewige Jude" (1940). In: Duchhardt, Heinz/ Schlenke, Manfred(Hrsg.): Festschrift für Eberhard Kessel zum 75. Geburtstag. München 1982, S. 300 - 329.

Burns, E. Bradford: Conceptualizing the Use of Film to Study History. A Bibliofilmography. In: Film and History 4 (1974), S. 1 - 11.

Clark, Michael J.(Hrsg.): Politics and the Media. Film and Television for the Political Scientist and Historian. Oxford u.a. 1979.

Cohen-Séat, Gilbert: Film und Philosophie. Gütersloh 1962.

Corino, Karl(Hrsg.): Intellektuelle im Bann des Nationalsozialismus. Hamburg 1980.

Courtade, Francis/ Cadars, Pierre(Hrsg.): Geschichte des Films im Dritten Reich. München 1975.

Dammeyer, Manfred(Hrsg.): Der Spielfilm im Dritten Reich. 1. Arbeitsseminar der Westdeutschen Kurzfilmtage Oberhausen, 1. - 5. 10. 1965. Oberhausen 1966.

Denzer, Kurt: Untersuchungen zur Filmdramaturgie des Dritten Reiches. Kiel 1970. Diss.

Dickinson, Thorold/ Thorpe, Frances: Film and the Historian.
In: Social Science Research Council Newsletter 10 (1970), S. 22 - 24.

Duhamel, Georges: Scènes de la Vie Future. Paris [2]1930.

Elton, Sir Arthur: The Film as Source Material for History.
In: Aslib Proceedings 7 (1955), S. 207 - 239.

Fanck, Arnold: Der Kultur-Spielfilm.
In: NSMH 147 (1942), S. 357 - 366.

Ferro, Marc: 1917 - History and Cinema.
In: Journal of Contemporary History 3 (1968), S. 45 - 61.

Ferro, Marc: Cinéma et Histoire. Paris 1977.

Ferro, Marc: Der Film als "Gegenanalyse der Gesellschaft.
In: Honegger, Claudia(Hrsg.): Schrift und Materie der Geschichte. Vorschläge zur Aneignung historischer Prozesse. Frankfurt a.M. 1977, S. 247 - 271.

Film Sonderheft der NSMH
In: NSMH 147 (1942).

Ford, Charles: Leni Riefenstahl. München 1982.

Fraenkel, Heinrich. Unsterblicher Film. Die große Chronik. 2 Bde. München 1956 und 1957.

Furhammar, Leif/ Isaksson, Folke: Politics and Film. London 1971.

Garnett, Maxwell: Films as Historical Records.
In: History Juli (1926), S. 142 ff.

Glaser, Hermann: Das Dritte Reich. Anspruch und Wirklichkeit. Freiburg 1961.

Goebbels, Joseph: Vom Kaiserhof zur Reichskanzlei. München 1934.

Goebbels, Joseph: Die Zeit ohne Beispiel. München 1941.

Goebbels, Joseph: Tagebücher 1945. Bergisch-Gladbach ^{2}1980.

Gregor, Ulrich/ Patalas, Enno: Geschichte des Films. 2 Bde. Reinbek 1976.

Grenville, J.A.S./ Pronay, N.: The Historian and Historical Films.
In: University Vision 1 (1968), S. 3 - 8.

Griffin, Patrick: Film, Document, and the Historian.
In: Film and History 2 (1972), S. 1 - 6.

Günther, Walther: Der Film als politisches Führungsmittel. Die anderen gegen Deutschland. Leipzig 1934.

Gwynn, Terence/ Willis, Ian: The Role of Feature Films in the Teaching of History.
In: Teaching History 3 (1974), S. 204 - 208.

Hagemann, Walter: Vom Mythos der Masse. Heidelberg 1951.

Hagemann, Walter: Der Film. Wesen und Gestalt. Heidelberg 1952.

Harlan, Veit: Im Schatten meiner Filme. Gütersloh 1966.

Hauptmann, Carl: Der Film in totalitären Staaten.
In:Politische Studien 124 (1960), S. 532 - 542.

Heiber, Helmut: Joseph Goebbels. München 1974.

Herzstein, Robert E.: The War that Hitler Won. The Most Infamous Propaganda Campaign in History. London 1979.

Hippler, Fritz: Betrachtungen zum Filmschaffen. Berlin 1942.

Hippler, Fritz: Die Verstrickung. Düsseldorf 1981.

Hofer, Walther: Der Nationalsozialismus. Dokumente 1933 - 1945. Frankfurt a.M. 1976.

Hollstein, Dorothea: Antisemitische Filmpropaganda. München und Berlin 1971. Diss.

Horak, Jan Christopher: Liebe, Pflicht und die Erotik des Todes.
In: Marquart, Axel/ Rathsack, Heinz(Hrsg.): Preußen im Film. Reinbek 1981, S. 205 - 218.

Houston, Penelope: The Nature of the Evidence.
In: Sight and Sound 2 (1967), S. 88 - 92.

Hubatsch, Walther: Probleme des geschichtswissenschaftlichen Films.
In: GWU 8 (1953), S. 476 - 479.

Hughes, William: Proposal for a Course on Films and History.
In: University Vision 8 (1972), S. 9 - 18.

Hull, David Steward: Forbidden Fruits. The Harvest of the German Cinema 1939 - 1945.
In: Film Quarterly 4 (1961), S. 16 - 30.

Hull, David Steward: Film in the Third Reich. Berkeley und Los Angeles 1969.

Jackson, M.A.: Film as Source Material. Some Preliminary Notes Towards a Methodology.
In: Journal of Interdisciplinary History 4 (1973), S. 73 - 80.

Jagschitz, Gerhard: Filmpropaganda im Dritten Reich.
In: Konlechner, Peter/ Kubelka, Peter(Hrsg.): Propaganda und Gegenpropaganda im Film 1933 - 1945. Wien 1972, S. 19 - 39.

Jannings, Emil: Über den Film. Aus einer Rundfunkrede zu seinem Film "Ohm Krüger".
In: NSMH 147 (1942), S. 342 - 343.

Jannings, Emil: Mein Leben. Berchtesgaden 1951.

Jason, Alexander: Weltanschauung im Film.
In: NSMH 67 (1935), S. 887 - 901.

Jason, Alexander: Der jüdische Einfluß auf die Filmproduktion.
In: NSMH 64 (1935), S. 629 - 638.

Johann, Ernst: Kleine Geschichte des Films.
Frankfurt a.M. 1959.

Kahlenberg, Friedrich P.: Zur Methodologie der Kritik und Auswertung audiovisuellen Archivgutes als Geschichtsquelle.
In: Der Archivar 1 (1975), Sp. 50 - 52.

Kahlenberg, Friedrich P.: Spielfilm als historische Quelle? Das Beispiel "Andalusische Nächte".
In: Boberach, Heinz/ Booms, Hans(Hrsg.): Aus der Arbeit des Bundesarchivs. Beiträge zum Archivwesen, zur Quellenkunde und Zeitgeschichte. Boppard 1977, S. 511 - 532.

Kahlenberg, Friedrich P.: Preußen als Filmsujet in der Propagandasprache der NS-Zeit.
In: Marquart, Axel/ Rathsack, Heinz(Hrsg.): Preußen im Film. Reinbek 1981, S. 135 - 163.

Kershaw, Ian: Der Hitler Mythos. Volksmeinung und Propaganda im Dritten Reich. (Schriftenreihe der Vierteljahreshefte für Zeitgeschichte) Stuttgart 1980.

Keudel, Rudolf: Film und Wirklichkeit.
In: NSMH 111 (1939), S. 552 - 555.

Keudel, Rudolf: Das Leben Robert Kochs im Film.
In: NSMH 116 (1939), S. 979 - 981.

Keudel, Rudolf: Das Genie als Filmgestalt.
In: NSMH 130 (1941), S. 79 - 80.

Kliesch, Hans Joachim: Die Film-und Theaterkritik im NS-Staat. Berlin 1957. Diss.

Knilli, Friedrich/ Maurer, Thomas(Hrsg.): "Jud Süß". Filmprotokoll, Programmheft und Einzelanalysen. Berlin 1983.

Kolb, Richard/ Siekmeier, Heinrich(Hrsg.): Rundfunk und Film im Dienste nationaler Kultur. Düsseldorf 1933.

Konlechner, Peter/ Kubelka, Peter(Hrsg.): Propaganda und Gegenpropaganda im Film 1933 - 1945. Wien 1972.

Kracauer, Siegfried: Theorie des Films. Frankfurt a.M. 1964.

Kracauer, Siegfried: Das Ornament der Masse. Frankfurt a.M. 1977.

Kracauer, Siegfried: Von Caligari zu Hitler. Eine psychologische Geschichte des deutschen Films. (Siegfried Kracauer Schriften Bd. 2) Frankfurt a.M. 1979. Titel der Originalausgabe: From Caligari to Hitler. A Psychological History of the German Film. Princeton 1947.

Kriegk, Otto: Der deutsche Film im Spiegel der Ufa. Berlin 1943.

Kuiper, John B.: The Historical Value of Motion Pictures.
In: American Archivist 31 (1968), S. 385 - 390.

Kurowski, Ulrich: Was ist ein faschistischer Film? In: Kirche und Film 3 (1970), S. 2 - 4 und 4 (1970), S. 7 - 11.

Kurowski, Ulrich(Hrsg.): Deutsche Spielfilme 1933 -1945. Dokumentation. München 1975.

Kurowski, Ulrich(Hrsg.): Deutsche Spielfilme 1933 - 1945. Materialien II. München 1980.

Leab, Daniel J.: From "Sambo" to "Superspade". Some Problems in the Use of Film in Historical Research. In: University Vision 10 (1973), S. 41 - 47.

Leiser, Erwin: Deutschland, erwache! Propaganda im Film des Dritten Reiches. Reinbek 1978.

Liebeneiner, Wolfgang: Filmregie. In: NSMH 147 (1942), S. 344 - 346.

Maibohm, Ludwig:Fritz Lang. Seine Filme - sein Leben. München 1981.

Maiwald, Klaus-Jürgen: Filmzensur im NS-Staat. Dortmund 1983.

Manvell, Roger/ Fraenkel, Heinrich: Goebbels. Eine Biographie. Köln 1960.

Manvell, Roger/ Fraenkel, Heinrich: The German Cinema. London 1971.

Manz, Hans Peter: Ufa und der frühe deutsche Film. Zürich 1963.

Marocelles, Louis: The Nazi Cinema. In: Sight and Sound 4 (1955), S. 65 - 69.

Marquart, Axel/ Rathsack, Heinz(Hrsg.): Preußen im Film. Reinbek 1981.

Mc Creary, Eugene C.: Film and History. Some Thoughts on their Inter-Relationship.
In: Societas 1 (1971), S. 51 - 66.

Mc Neil, William: The Historian and Historical Films.
In: Journal of Higher Education Oct. (1968), S. 387 - 394.

Melchers, Christoph Bernhard: Untersuchungen zur Wirkungspsychologie nationalsozialistischer Propagandafilme. Köln 1977. Diss.

Merker, Reinhard: Die bildenden Künste im Nationalsozialismus. Kulturideologie, Kulturpolitik, Kulturproduktion. Köln 1983.

Moltmann, Günter/ Reimers, Friedrich(Hrsg.): Zeitgeschichte im Film- und Tondokument. Göttingen 1970.

Muth, Heinrich: Canaris.
In: GWU 6 (1955), S. 101 - 106.

Muth, Heinrich: Zeitgeschichte in neuen deutschen Filmen.
In: GWU 7 (1956), S. 342 - 352.

Muth, Heinrich: Der historische Film. Historische und filmische Grundprobleme.
In: GWU 6 (1955), S. 670 - 682.

Nelson, Richard Alan: Germany and the German Film 1930 - 1945. An Annotated Research Bibliography.
In: The Journal of University Film Association 1 (1977), S. 45 - 80.

Oertel, Rudolf: Macht und Magie des Films. Weltgeschichte einer Massensuggestion. Wien 1959.

Opgenoorth, Ernst: Einführung in das Studium der neueren Geschichte. Frankfurt a.M., Berlin und Wien 1979.

Petley, Julian: Capital and Culture. German Cinema 1933 - 1945. London 1979.

Phillips, Baxter: Swastica. Cinema of Oppression. London 1976.

Phillips, M.S.: The Nazi Control of the German Film Industry.
In: Journal of European Studies 1 (1971), S. 37 - 68.

Phillips, M.S.: The German Film Industry and the New Order.
In: Stachura, Peter D.(Hrsg.): The Shaping of the Nazi State. London 1978, S. 257 - 281.

Pontecorvo, Lisa: Film Resources.
In: Smith, Paul(Hrsg.): The Historian and Film. Cambridge 1976, S. 15 - 31.

Prokop, Dieter: Medien-Wirkungen. Frankfurt a.M. 1981.

Prokop, Dieter: Soziologie des Films. Frankfurt a.M. 1982.

Rabenalt, Arthur Maria: Film im Zwielicht. Über den unpolitischen Film des Dritten Reiches und die Begrenzung des totalitären Anspruchs. München 1958.

Reimann, Viktor: Dr. Joseph Goebbels. Wien, München und Zürich 1971.

Regel, Helmut: Historische Stoffe als Propagandaträger.
In: Dammeyer, Manfred(Hrsg.): Der Spielfilm im Dritten Reich. Oberhausen 1966, S. 117 - 133.

Regel, Helmut: Zur Topographie des NS-Films.
In: Filmkritik 1 (1966), S. 5 - 18.

Regel, Helmut: Methoden einer kritischen Benutzung des Films als historische Quelle.
In: Der Archivar 1 (1975), Sp. 45 - 47.

Regel, Helmut: Die Authentizität dokumentarischer Filmaufnahmen. Methoden einer kritischen Prüfung.
In: Boberach, Heinz/ Booms, Hans(Hrsg.): Aus der Arbeit des Bundesarchivs. Beiträge zum Archivwesen, zur Quellenkunde und Zeitgeschichte. Boppard 1977, S. 487 - 498.

Regel, Helmut: Die Fridericus Filme der Weimarer Republik.
In: Marquart, Axel/ Rathsack, Heinz(Hrsg.): Preußen im Film. Reinbek 1981, S. 124 - 134.

Richards, Jeffery: Visions of Yesterday. London 1973.

Richter, Hans: Der politische Film.
In: Witte, Karsten(Hrsg.): Theorie des Kinos. Frankfurt a.M. ^{3}1982, S. 61 - 78. (Erstmalig erschienen in: Deutsche Blätter 1 (1944), S. 21 - 24 und 2 (1944), S. 17 - 20)

Riess, Curt: Joseph Goebbels. Eine Biographie. Baden-Baden 1950.

Riess, Curt: Das gab's nur einmal. 4 Bde. Wien und München 1977.

Roads, Christopher H.: Film as Historical Evidence.
In: Journal of the Society of Archivists 3 (1966), S. 183 - 191.

Rosenberg, Alfred: Gesinnung und Kunst.
In: NSMH 64 (1935), S. 607 - 608.

Rüdiger, Karlheinz: Ohm Krüger.
In: NSMH 135 (1941), S. 547 - 549.

Rüdiger, Karlheinz: Grundgedanken nationalsozialistischer Kulturpolitik.
In: NSMH 113 (1939), S. 718 - 722.

Rutherford, Ward: Hitler's Propaganda Machine. London 1958.

Sadoul, Georges: Geschichte der Filmkunst. Frankfurt a.M. 1982.

Samuels, S./ Rosen, R.: Film and the Historian.
In: American Historical Association Newsletter 2 (1973), S. 31 - 37.

Schnauck, Wilhelm: Deutsches Kulturfilmschaffen.
In: NSMH 110 (1939), S. 433 - 439.

Schuhmann, Uwe Jens: Hans Albers. München 1980.

Selmeier, Franz: Das nationalsozialistische Geschichtsbild und der Geschichtsunterricht 1933 - 1945.
München 1969. Diss.

Short, K.R.M. (Hrsg.): Feature Film as History.
London 1981.

Smith, Paul: Historians and Film. A Progress Report.
In: University Vision 4 (1969), S. 36 - 39.

Smith, Paul (Hrsg.): The Historian and Film.
Cambridge 1976.

Sorlin, Pierre: The Film in History. Restaging the Past. Oxford 1980.

Spiker, Jürgen: Film und Kapital. Berlin 1975. Diss.

Steinbeck, Dieter: Oper und Turnen. Zur Rolle im nationalsozialistischen Revuefilm.
In: Belach, Helga (Hrsg.): Wir tanzen um die Welt. Deutsche Revuefilme 1933 - 1945. München, Wien 1979, S. 53 - 73.

Taylor, Richard: Filmpropaganda. Soviet Russia and Nazi Germany. London 1979.

Terveen, Fritz: Der Film als historisches Dokument. Grenzen und Möglichkeiten.
In: VJfZG 3 (1955), S. 57 - 66.

Terveen, Fritz: Vorschläge zur Archivierung und wissenschaftlichen Aufbereitung von historischen Filmdokumenten.
In: GWU 6 (1955), S. 169 - 177.

Terveen, Fritz: Historischer Film und historisches Filmdokument.
In: GWU 12 (1956), S. 750 - 752.

Thomae, Otto: Die Propaganda-Maschinerie. Bildende Kunst und Öffentlichkeitsarbeit im Dritten Reich. Berlin 1978.

Toeplitz, Jerzy: Geschichte des Films, 1934 - 1939. München 1980.

Traub, Hans: Der Film als politisches Machtmittel. München 1933.

Treue, Wilhelm: Das Filmdokument als Geschichtsquelle.
In: HZ 186 (1958), S. 308 - 327.

The Use of the Film in the Teaching of History. A Discussion.
In: History April (1926), S. 37 - 40.

Waldekranz, Rune/ Arpe, Werner: Knaurs Buch vom Film. München und Zürich 1956.

Ward, K.E.: Film, Sound and Historical Analysis. A Course in Film and History.
In: University Vision 12 (1974), S. 50 - 56.

Waugh, W.T.: History in Moving Pictures.
In: History 9 (1927), S. 324 - 329.

Wember, Bernward: Objektiver Dokumentarfilm? München 1972.

Werner, Karl Ferdinand: Das NS-Geschichtsbild und die deutsche Geschichtswissenschaft. Stuttgart 1967.

Wetzel, Kraft/ Hagemann, Peter: Liebe, Tod und Technik. Kino des Phantastischen, 1933 - 1945. Berlin 1977.

Wetzel, Kraft/ Hagemann, Peter: Zensur. Verbotene deutsche Filme, 1933 - 1945. Berlin 1978.

Wilson, David/ Kuehl, Jerome: The Truth of Film History.
In: Sight and Sound 43 (1974), S. 240 - 242.

Witte, Karsten: Die Filmkomödie im Dritten Reich.
In: Denkler, Horst/ Prümm, Karl(Hrsg.): Die deutsche Literatur im Dritten Reich. Themen, Traditionen, Wirkungen. Stuttgart 1976, S. 347 - 365.

Witte, Karsten: Der barocke Faschist. Veit Harlan und seine Filme.
In: Corino, Karl(Hrsg.): Intellektuelle im Bann des Nationalsozialismus. Hamburg 1980, S. 150 - 164.

Witte, Karsten(Hrsg.): Theorie des Kinos. Frankfurt a.M. ^{3}1982.

Wolff, Udo W.: Preußens Glanz und Gloria im Film. München 1981.

Wollenberg, H.H.: Fifty Years of German Film. London 1948.

Wortig, Kurt: Zwischen Atelier und weißer Wand. Film und Journalismus. In: NSMH 147 (1942), S. 399 - 402.

Wulf, Joseph: Theater und Film im Dritten Reich. Reinbek 1966.

Zeman, Zbynek A.B.: Nazi Propaganda. London und New York 1964.

Zeman, Zbynek A.B.: Selling the War. Art and Propaganda in World War II. London 1982.

Zielinski, Siegfried: Veit Harlan. Analysen und Materialien zur Auseinandersetzung mit einem Filmregisseur des deutschen Faschismus. Frankfurt a.M. 1981.

Zöllner, W.: Der Film als Quelle der Geschichtsforschung. In: Zeitschrift für Geschichtswissenschaft 13 (1965), S. 638 - 647.

b. Filmtitelregister

Affäre Roedern U D 1944, R Erich Waschnek, B Toni Huppertz, Da Paul Hartmann, Annelies Reinhold, Clementina Egies.

Der alte Fritz Teil I Friede, Teil II Ausklang. U D 1928, R Gerhard Lamprecht, B Hanns Torius, Da Otto Gebühr, Julie Serda, Berthold Reißig.

Andreas Schlüter U D 1942, R Herbert Maisch, B Helmut Brandis, Herbert Maisch frei nach Motiven des Romans "Der Münzturm" von Alfons von Czibulka, Da Heinrich George, Theodor Loos, Mila Kopp.

Bismarck U D 1940, R Wolfgang Liebeneiner, B Rolf Lauckner, Wolfgang Liebeneiner, Da Paul Hartmann, Friedrich Kayßler, Werner Hinz.

Canaris U D 1954, R Alfred Weisemann, B Herbert Reinecker nach einem Manuskript von Erich Ebermeyer, Da O.E. Hasse, Adrian Hoven, Barbara Rütting.

Carl Peters U D 1941, R Herbert Selpin, B Ernst von Salomon, Walter Zerlett-Olfenius, Herbert Selpin, Da Hans Albers, Karl Dannemann, Fritz Odemar.

Der Choral von Leuthen U D 1933, R Carl Froelich, B Johannes Brandt, Ilse Spath-Baron nach einer Idee von Friedrich Pflughaupt unter Benutzung des Romans "Fridericus" von Walter von Molo, Da Otto Gebühr, Olga Tschechowa, Elga Brink

Deutschland, erwache! U D 1968, R Erwin Leiser B Erwin Leiser unter der wissenschaftlichen Beratung von Gerd Albrecht.

Diesel U D 1942, R Gerhard Lamprecht, B Frank Thieß, Gerhard Lamprecht, Richard Riedel, Da Willi Birgel, Paul Wegener, Hilde Weißner.

Dr. Mabuse, der Spieler U D 1922 Teil I und II, R Fritz Lang, B Fritz Lang, Thea von Harbou, Da R. Klein-Rogge, Alfred Abel, Aude Egede Nissen.

Ein Mann will nach Deutschland U D 1934, R Paul Wegener, B Philipp Lothar Mayring, Fred Andreas nach dem gleichnamigen Roman von Fred Andreas, Da Karl Ludwig Diehl, Brigitte Horney, Siegfried Schürenberg.

Die Entlassung U D 1942, R Wolfgang Liebeneiner, B Curt Johannes Braun, Felix von Eckardt, Da Emil Jannings, Werner Krauss, Werner Hinz.

Der ewige Jude U D 1940, R Fritz Hippler, B Eberhard Taubert. Dokumentarfilm.

Feinde U D 1940, R Viktor Tourjansky, B Emil Burri, Arthur Luethy, Viktor Tourjansky, Da Brigitte Horney, Willy Birgel, Iwan Petrovich.

Das Flötenkonzert von Sanssouci U D 1930, R Gustav Ucicky, B Johannes Brandt, Da Otto Gebühr, Hans Rehmann, Renate Müller.

Flüchtlinge U D 1933, R Gustav Ucicky, B Gerhard Menzel nach seinem Roman, Da Hans Albers, Käthe von Nagy, Eugen Klöpfer.

Fridericus Rex U D 1922 Teil I Sturm und Drang, Teil II Vater und Sohn, R Arzen von Cserépy, B Hans Behrendt, Arzen von Cserépy, B.E. Lüthge, Da Otto Gebühr, Albert Steinrück, Gertrud de Lalsky.

Fridericus Rex U D 1923 Teil III Sanssouci, Teil IV Schicksalswende, R Arzen von Cserépy, B Arzen von Cserépy, Da Otto Gebühr, Erna Morena, Gertrud de Lalsky.

Friedemann Bach U D 1941, R Traugott Müller, B Helmut Brandis, Eckart von Naso nach Ludwig Metzger, Da Gustav Gründgens, Eugen Klöpfer, Wolfgang Liebeneiner.

Friedrich Schiller U D 1940, R Herbert Maisch, B Walter Wassermann, C. H. Diller nach einer Idee von Paul Josef Cremers, Da Horst Caspar, Heinrich George, Lil Dagover.

Friesennot U D 1935, R Peter Hagen, B Werner Kortwich, Da Friedrich Kayßler, Inkijinoff, Helene Fehdmer.

Der Fuchs von Glenarvon U D 1940, R Max W. Kimmich, B Wolf Neumeister, Hans Bertram nach dem Roman von Nicola Rohn, Da Olga Tschechowa, Karl Ludwig Diehl, Ferdinand Marian.

Geheimakte WB I U D 1942, R Herbert Selpin, B Walter Zerlett-Olfenius, Herbert Selpin nach dem Roman "Der eiserne Seehund" von Hans Arthur Thies, Da Alexander Golling, Eva Immermann, Richard Haußler.

GPU U D 1942, R Karl Ritter, B Andrew Engelmann, Felix Lutzkendorf, Karl Ritter nach einer Idee von Andrew Engelmann, Da Laura Solari, Will Quadflieg, Andrews Engelmann.

Der große König U D 1942, R Veit Harlan, B Veit Harlan, Da Otto Gebühr, Kristina Söderbaum, Gustav Fröhlich.

Hans Westmar U D 1933, R Franz Wenzler, B Hanns Heinz Ewers nach seinem Buch "Horst Wessel", Da Emil Lohkamp, Paul Wegener, Carla Bartheel.

Heimkehr U D 1941, R Gustav Ucicky, B Gerhard Menzel, Da Paula Wessely, Peter Petersen, Attila Hörbiger.

Hitlerjunge Quex U D 1933, R Hans Steinhoff, B Karl Alois Schenzinger, Bobby E. Lüthge nach dem Roman von Karl Alois Schenzinger, Da Heinrich George, Berta Drews, Claus Clausen.

Jud Süß U D 1940, R Veit Harlan, B Ludwig Metzger, Eberhard Wolfgang Möller, Veit Harlan, Da Ferdinand Marian, Werner Krauss, Heinrich George.

Kadetten U D 1941, R Karl Ritter, B Felix Lützkendorf, Karl Ritter nach einer Idee von Alfons Menne, Da Mathias Wiemann, Andrews Engelmann, Carsta Löck.

Der Kaiser von Kalifornien U D 1936, R Luis Trenker, B Luis Trenker, Da Luis Trenker, Viktoria von Ballasko, Alexander Golling.

Kolberg U D 1945, R Veit Harlan, B Veit Harlan, Alfred Braun, Da Heinrich George, Kristina Söderbaum, Horst Caspar.

M - Mörder unter uns U D 1932, R Fritz Lang, B Fritz Lang, Thea von Harbou nach einem Artikel von Egon Jacobson, Da Peter Lorre, Gustav Gründgens, Theo Lingen.

Mein Leben für Irland U D 1941, R Max W. Kimmich, B Toni Huppertz, Max W. Kimmich, Da Anna Dammann, Werner Hinz, René Deltgen.

Menschen ohne Vaterland U D 1937, R Herbert Maisch, B Walter Wassermann, C. H. Diller, Ernst von Salomon, Herbert Maisch in Anlehnung an den Roman "Der Mann ohne Vaterland" von Gertrud von Brockdorff, Da Willy Fritsch, Maria von Tusnady, Willy Birgel.

Metropolis U D 1926, R Fritz Lang, B Fritz Lang, Thea von Harbou, Da Brigitte Helm, Gustav Fröhlich, Heinrich George.

Morgenrot U D 1933, R Gustav Ucicky, B Gerhard Menzel nach einer Idee von R. von Spiegel, Da Rudolf Forster, Adele Sandrock, Fritz Genschow.

Die Mühle von Sanssouci U D 1925/26, R Siegfried Philippi, Da Otto Gebühr.

Die Nibelungen U D Teil I und II 1923/24, R Fritz Lang, B Fritz Lang, Thea von Harbou, Da Paul Richter, H. A. von Schlettow, Margarete Schöne.

Ohm Krüger U D 1941, R Hans Steinhoff, Herbert Maisch, Karl Anton, B Harald Bratt, Kurt Heúser unter Benutzung von Motiven aus dem Roman "Mann ohne Volk" von Arnold Krieger, Da Emil Jannings, Lucie Höflich, Werner Hinz.

Panzerkreuzer Potemkin U Rußland 1925, R Sergej Eisenstein, B Sergej Eisenstein, Da Alexander Antonov, Vladimir Barsky, Grigori Alexandrov.

Paracelsus U D 1943, R G. W. Papst, B Kurt Heuser, Da Wérner Krauss, Mathias Wiemann, Harald Kreutzberg.

Pour le mérite U D 1938, R Karl Ritter, B Fred Hildenbrand, Karl Ritter, Da Paul Hartmann, Paul Otto, Fritz Kampers.

Die Reiter von Deutsch-Ostafrika U D 1934, R Herbert Selpin, B Marie-Luise Droop nach dem Roman "Kwa heri", Da Ilse Stobrawa, Sepp Rist, Peter Voß.

Rembrandt U D 1942, R Hans Steinhoff, B Kurt Heuser, Hans Steinhoff nach dem Roman "Zwischen Hell und Dunkel" von V. Tornius, Da Ewald Balser, Hertha Feiler, Gisela Uhlen.

<u>Robert Koch, der Bekämpfer des Todes</u> U D 1939, R Hans Steinhoff, B Walter Wassermann, C. H. Diller nach einer Idee von Paul Josef Cremers und Gerhard Menzel, Da Emil Jannings, Werner Krauss, Viktoria von Ballasko.

<u>Die Rothschilds</u> U D 1940, R Erich Waschnek, B C. M. Köhn, Gerhard T. Buchholz nach einer Idee von Mirko Jelusich, Da Carl Kuhlmann, Hilde Weißner, Herbert Hübner.

<u>SA Mann Brandt</u> U D 1933, R Franz Seitz, B Joseph Dalman, Joe Stöckel, Da Heinz Klingenberg, Otto Wernicke, Elise Aulinger.

<u>Das Testament des Dr. Mabuse</u> U D 1933, R Fritz Lang, B Fritz Lang, Thea von Harbou, Da R. Klein-Rogge, Otto Wernicke, Gustav Dießl.

<u>Trenck der Pandur</u> U D 1940, R Herbert Selpin, B Walter Zerlett-Olfenius nach einem Bühnenstück von Otto Emmerich Groh, Da Hans Albers, Sybille Schmitz, Käthe Dorsch.

<u>Der unendliche Weg</u> U D 1943, R Hans Schweikart, B Walter von Molo, Ernst von Salomon nach dem Roman "Ein Deutscher ohne Deutschland" von Walter von Molo, Da Eugen Klöpfer, Eva Immermann, Hedwig Wangel.

<u>Das unsterbliche Herz</u> U D 1939, R Veit Harlan, B Werner Eplinius, Veit Harlan nach dem Stück von Walter Harlan "Das Nürnbergische Ei", Da Heinrich George, Kristina Söderbaum, Paul Henckels.

<u>Unternehmen Michael</u> U D 1937, R Karl Ritter, B Karl Ritter, Mathias Wiemann, Fred Hildenbrand unter Mitarbeit von Hans Fritz von Zwehl, Da Heinrich George, Mathias Wiemann, Paul Otto.

<u>Vor 50 Jahren war alles dabei</u> - Tragikomische Dokumentation um den Zeitgeist U D 1983 (ZDF), R Erwin Leiser, B Erwin Leiser, Vera Leiser.

<u>Waterloo</u> U D 1928, R Karl Grune, Da Otto Gebühr, Charles Vanel.

<u>Wen die Götter lieben</u> U D 1942, R Karl Hartl, B Eduard von Borsody nach einer Novelle von R. Billinger, Da Hans Holt, Irene von Meyendorff, Winnie Markus.

<u>Der zerbrochene Krug</u> U D 1937, R Gustav Ucicky, B Thea von Harbou nach Heinrich von Kleist, Da Friedrich Kayßler, Emil Jannings, Max Gülstorff.

c. Abkürzungsverzeichnis

B	Drehbuch
Bd	Band
Bde	Bände
D	Deutschland
Da	Darsteller
Diss	Dissertation
GWU	Geschichte in Wissenschaft und Unterricht
Hrsg	Herausgeber
HZ	Historische Zeitschrift
NS	Nationalsozialismus
NSDAP	Nationalsozialistische Deutsche Arbeiterpartei
NSMH	Nationalsozialistische Monatshefte
oS	ohne Seitenzählung
R	Regie
SD	Sicherheitsdienst
Δt [sec]	Zeitdifferenz zwischen den Einstellungen in Sekunden
t [sec]	Endzeitpunkt einer Einstellung in Sekunden
U	Uraufführung
VJfZG	Vierteljahreshefte für Zeitgeschichte
ZDF	Zweites Deutsches Fernsehen